Denkmal mit Garten

Von der Gerloff'schen Villa
zum Haus der Braunschweigischen Stiftungen

Denkmal mit Garten

Von der Gerloff'schen Villa zum Haus der Braunschweigischen Stiftungen

Herausgeber Tobias Henkel, Stiftung Braunschweigischer Kulturbesitz

Mit Beiträgen von
Reinhard Roseneck
Matthias Staubach
Simone Teschner

SBK Stiftung Braunschweigischer Kulturbesitz

Herausgeber:
Tobias Henkel
Stiftung Braunschweigischer Kulturbesitz
Löwenwall 16
38100 Braunschweig

Redaktion:
Stiftung Braunschweigischer Kulturbesitz
Simone Teschner

Gestaltung:
Hinz & Kunst Graphisches Atelier, Braunschweig
Peter Wentzler

Geamtherstellung: Ruth Printmedien GmbH

SBK Stiftung Braunschweigischer Kulturbesitz

ISBN 978-3-922618-30-0

Braunschweig 2009

Inhalt

Vorwort

Ein Haus mit Garten für Kunst und Kultur. Ein Haus mit Garten für die Braunschweigischen Stiftungen, Stifterinnen, Stifter, Engagierten und Interessierten. Es sind die glücklichen Fügungen, die unserem Alltag in die Zukunft verhelfen. So auch geschehen mit der alten Gerloff'schen Villa am Braunschweiger Löwenwall, die im Sommer 2009 nach mehrjähriger Sanierung von Haus und wunderbarem Stadtgarten wieder der Öffentlichkeit zugänglich ist.

Museum war dieser Ort in den Achtzigern und Neunzigern des zwanzigsten Jahrhunderts, davor repräsentatives und innovatives Wohnhaus und heute der Ort für das bürgerschaftliche und stifterische Engagement im Braunschweigischen Land, der Region zwischen Harz und Heide. Vielen ist das Haus noch als Außenstelle des Städtischen Museums mit der Präsentation der Formensammlung bekannt – nach umfangreichen Restaurierungs- und Sicherungsmaßnahmen können wir heute wieder an diese Tradition anknüpfen und den Garten für Kunst und Kultur öffnen, während im Haus fortlaufend Veranstaltungen zu den unterschiedlichsten Themen mit Bezug zum Stiftungswesen stattfinden.

Es war ein langer Weg vom sanierungsbedürftigen Pflegefall zum denkmalgerechten Wiederaufblühen eines Bürgerhauses, das mit seiner Errichtung Ende des neunzehnten Jahrhunderts auf der Höhe der Zeit war. Jugendstil und italienische Neo-Renaissance, innovative Heizungstechnik und repräsentativer Glanz. Die Familie Gerloff hat ihren Wohlstand mit Zucker erworben, den sie aus der Region in die Welt exportierte. Davon zeugt noch heute der Zuckerhut im Baldachin über dem Haupteingang, ein beredtes Zeugnis der wechselvollen Geschichte unserer Region. Die Stiftung Braunschweigischer Kulturbesitz, heute Eigentümerin des Hauses der Braunschweigischen Stiftungen am Löwenwall, steht gleichfalls für Tradition und Innovation. Seit 1569 prägt sie das kirchliche, kulturelle und soziale Gedächtnis des Braunschweigischen Landes.

Das vorliegende Werk möchte Sie begeistern für die nun vollendete Aufgabe, das Haus der Braunschweigischen Stiftungen, die ehemalige Gerloff'sche Villa, denkmalgerecht zu sanieren und zu einem lebendigen Ort für Kunst und Kultur, für das bürgerschaftliche Engagement und das reiche Stiftungswesen des Braunschweigischen Landes zu machen. Wir möchten uns bedanken bei allen Beteiligten, dem Staatlichen Baumanagement, dem Landesamt für Denkmalpflege, der Denkmalpflege der Stadt Braunschweig, dem Architekturbüro capatti staubach und den ausführenden Firmen, die gemeinsam dieses wichtige Projekt zu einem Erfolg gemacht haben.

Allen Besucherinnen und Besuchern erlebnisreiche Eindrücke und inspirierende Momente in diesem Haus mit Garten für Kunst und Kultur.

Tobias Henkel
Direktor
Stiftung Braunschweigischer Kulturbesitz

Grundstück und Gebäude – Eine Chronologie

ca. 1760 In der Districtkarte der östlichen Wallanlage sind südlich des Dehnschen Schlößchens erste Gebäude auf den Flurstücken entlang der Stadtmauer verzeichnet

ca. 1820 Der angesehene Kaufmann und Geheime Finanzrat in Braunschweig, Jakob Friedrich Langerfeldt (1773–1848), erwirbt vermutlich um 1820 eines der neu parzellierten Grundstücke am Löwenwall

1880 Der Zuckergroßhändler Louis Gerloff erwirbt das Grundstück am Löwenwall 18 (Haus Langerfeldt) als Sommersitz der Familie Gerloff

1888/89 Louis Gerloff lässt durch den damaligen Stadtbaurat Ludwig Winter, ein Verwandter von Gerloff, eine fünfgeschossige Villa (incl. Souterrain und Keller), im italienischen Renaissancestil, als ständigen Wohnsitz der Familie Gerloff errichten

1944 Durch die Bombenangriffe der Alliierten wird das Sommerhaus (Löwenwall 18) zerstört und nicht wieder aufgebaut

1976 Die Stadt Braunschweig erwirbt das Grundstück Löwenwall 16–18 und durch einen Grundstückstausch mit dem Land Niedersachsen, das angrenzende südliche Grundstück (Löwenwall 15)

1983 4. September 1983, Eröffnung der neu ausgebauten und renovierten Villa Gerloff, für die Abteilung »Formsammlung der Stadt« des Städtischen Museums und für die Städtische Musikschule

1993 Erneuerung von Belagsmaterialien und Pflanzflächen im Eingangsbereich der Gerloffschen Villa

2004 Grunderwerb durch die heutige Stiftung Braunschweigischer Kulturbesitz und Beginn der Sanierungsarbeiten an der Gerloffschen Villa

2006 4. Juli 2006, Feierliche Eröffnung des Hauses der Braunschweigischen Stiftungen am Löwenwall

DAS HAUS

Die im Zuge der Beseitigung der Befestigungsanlagen geschaffenen, attraktiven Wallgrundstücke waren zunächst ideales Terrain für das im 18. Jahrhundert erstarkende, nach Repräsentation strebende Bürgertum aus wohlhabenden Kaufleuten und Gewerbetreibenden, später auch von Fachärzten, Professoren und Juristen.

Unter dem Einfluss des Herzogs Karl Wilhelm Ferdinand, der von 1780 bis 1806 regierte, wurde die Lage der Landesbewohner ab 1790 durch Wegfall einiger Steuern und infolge einer Neuordnung des Steuerwesens wesentlich erleichtert. Die attraktiven Braunschweiger Wallgrundstücke, die überwiegend an der Oker oder ihren Umflutgräben lagen und in der Regel einen großzügigen Zuschnitt hatten, waren daher in relativ kurzer Zeit verkauft.

Aus ursprünglich 75 Grundstücken, teilweise damals „Gärten" genannt, sind innerhalb von hundert Jahren durch Teilung mehr als 300 Bauplätze geworden, deren Attraktivität bis zum heutigen Tage erhalten geblieben ist. Der Besitzerwechsel der Grundstücke erfolgte überwiegend nur beim Tode der Eigentümer, in mehreren Fällen jedoch auch in Zusammenhang mit wirtschaftlichen und finanziellen Problemen der Besitzer-Familien.

Stadtplan Braunschweig 1821/22
»Braunschweig mit der Promenade und den daranstoßenden Gärten.«
Stadtplan Ernst v. Heinemann, 1826

Braunschweig 1841
»Plan von Braunschweig mit den Wallpromenaden.« Ch. Wicker, 1841.

PLAN
von
Braunschweig
mit den
Wallpromenaden.
Entworfen von Chr. Wicker, Architect.
1841.
Ocker Fluss.
Kohlmarkt.
Schloss Platz.
Nord.
Süd.
Bau u. Brennholz Magazin.
Benennung der öffentl. Gebäude pp.
1. Herzgl. Resdz. Schl. Wilhelmsburg
2. Ministerial Gebäude.
3. Burgcaserne.
4. Burgkirche. (Domkirche.)
5. Löwe auf dem Burgplatze.
6. Cadettenhaus.
7. Marstall.
8. Landgestüt.
9.9.9. Zeughaus u. Museum.
10. Collegium Carolinum.
11. Ob. Gymnasium. (Catharineum.)
12. Hof Theater Geb.
13. Hof Theater Intendtr. Geb.
14. Catharinenkirche.
15. Local d. Kriegs Collg. d. Landes Oeconom. Commiss. u. d. Sanitäts Collegii.
16. Cavalierhaus.
17. Herzogl. Schlachte Haus.
18. Herz. Waschhaus.
19. Orangerie Geb.
20. Hofgärtner Wohnung.
21. Landschaftl. Haus.
22. Cammer-Geb.
23. Local d. Land- u. Kreis Direction.
24. Local d. Baukasse.
25. Martini Kirche.
26. Altstadt Rathhaus.
27. Autorshof.
28. Gewandhaus.
29. Posthaus.
30. Leihhaus.
31. Michaeliskirche.
32. Eisenbahnhof.
33. Bau Vorrathshof.
34. Medicinischer Garten.
35. Logenhaus.
36. Pro u. Real Gymn. (Martineum.)
37. Neuerhof. (Porzellain Niederl.)
38b. Polizei Geb.
39. Reform. Kirche.
40. Brüdern Kirche.
41. Altes Zeughaus.
42. Petri Kirche.
43. Stadthaus.
44. Kreisger. Geb.
45. Local d. Amtes Riddagshausen.
46. Local d. Ober Inspection d. indir. Steuern.
47. Packhof.
48. Neustadt Rathhaus.
49. Alte Waage Geb.
50. Andreaskirche.
51. Münz-Geb.
54. Aegidienkirche.
55. Aegidien Kloster.
56. Aegidien Caserne.
57. Montirungs Mag.
58. Monum. d. Herzöge Carl Wilh. Ferd. u. Friedr. Wilh.
59. Husaren Caserne.
60. Husaren Pferdeställe.
62. Kathol. Kirche.
63. Neue Inf. Caserne.
64. Milit. Hospital.
65. Civil Hosp.
66. Bürgerschule örtl. Bezirke.
67. Bürgersch. westl. Bez.
68. Garnisonschule.
69. Armenschule.
70. Burgmühle.
71. Südmühle.
74. Wendenmühle.
75. Giesler Wasserkunst.
76. Comandantur Geb.
77. Militär Stockhaus.
78. Herzogl. Fourrage Mag.
79. Anatomie Geb. u. botan. Garten.
80. Bau Magazin Geb.
81. Eisenbahn Werkstätte.
82. Petri Wehr.
83. Wenden Wehr.
84. Windmühlenberg.
86. Plaisirberg.
87. Offene Reitbahn.
In Stein gest. von Ad. Klingenberg
Aus der Anstalt von Oehme & Müller.

Das Anwesen Langerfeldt 1820–1880

Den frühesten Nachweis für einen Garten auf dem heutigen Grundstück der Stiftung Braunschweigischer Kulturbesitz bildet eine Karte von 1821, auf der die durch die Kraheschen Umgestaltungsmaßnahmen entstandenen Gartengrundstücke verzeichnet sind. Hinter der Grundstücksbezeichnung 29 ist der Name Langerfeldt vermerkt.

Mit Langerfeldt ist vermutlich Jakob Friedrich Langerfeldt, 1773–1848, Kaufmann und Geheimer Finanzrat in Braunschweig gemeint. Sein Sohn, Gustav Anton Friedrich Langerfeldt, wirkte als Jurist, Advokat und Notar in Wolfenbüttel, 1832 als Assessor und Geheimer Hofrat am Landesgericht ebd., 1848/49 Mitglied der Frankfurter Nationalversammlung (Casinopartei), 1849 –1861 Braunschweigischer Geheimer Rat und Staatsminister für Inneres und Kultus, sowie Braunschweigischer Historiker. Er war ein Onkel 2. Grades von Carl Ernst Friedrich Langerfeldt, des Gründers der Firma Carl Langerfeldt (* 12. April 1849 in Bückeburg, † 21. Oktober 1908 in Braunschweig).

Quelle: Auszug Elektronische Allgemeine Deutsche Biographie

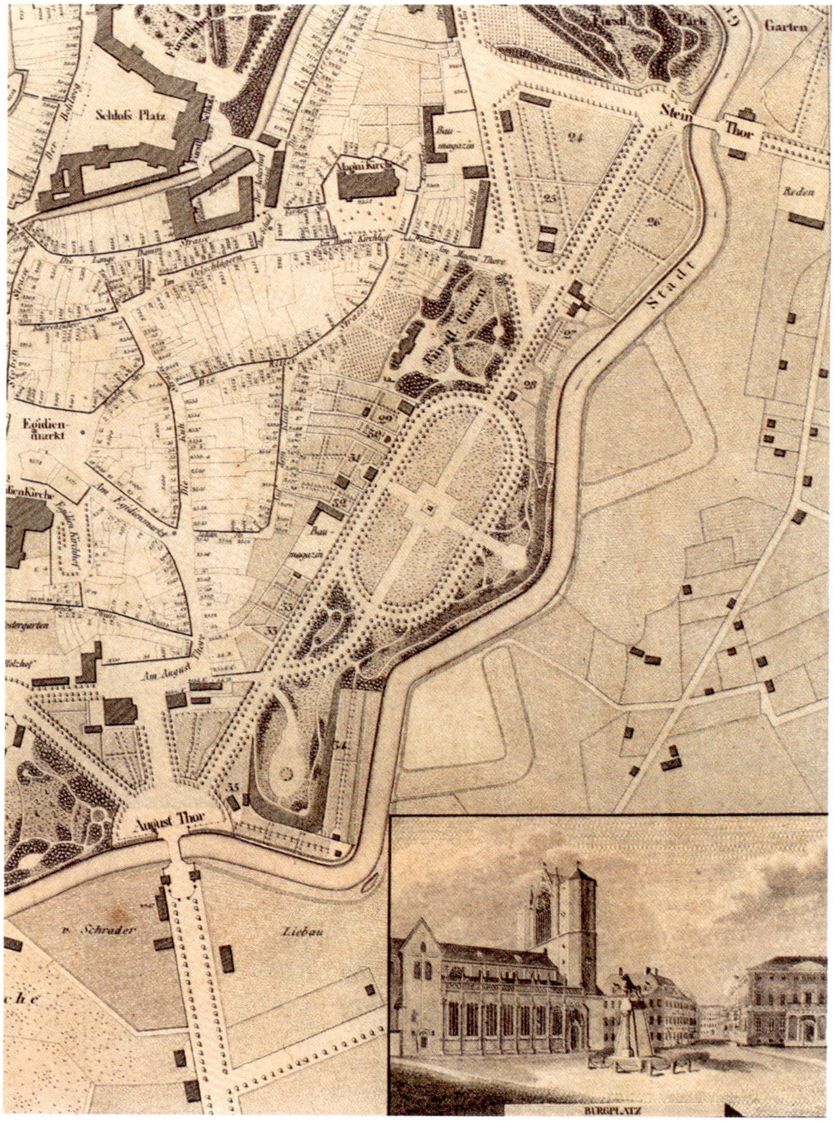

Stadtplan Braunschweig 1826
Dieser Plan von technisch hoher Qualität
gibt den Stand von 1821/22 wieder.

Ansicht von Südosten auf den Obelisken,
das sog. Fritzesche Haus, links, und rechts auf das
Haus Langerfeldt sowie das Dehnsche Palais.
Lithografie (17,9 x 28,8 cm), L. Sebbers, 1823.

Malerei auf einer Tasse aus Fürstenberger Porzellan
(Ausschnitt). Der Blick nach Nordwesten auf das Haus
Langerfeldt und rechts, die Türme der Magnikirche.
Um 1840

Die von Chr. Wicker in der Karte von 1865 dargestellten Gärten vermitteln einen Eindruck von der gehobenen Gestaltqualität der den Löwenwall westlich rahmenden Privatgärten.

Die Abbildungen in den Karten von 1841 und 1872 vermitteln hierzu nur einen ungenügenden Eindruck und sind vermutlich schematisch nachempfunden.

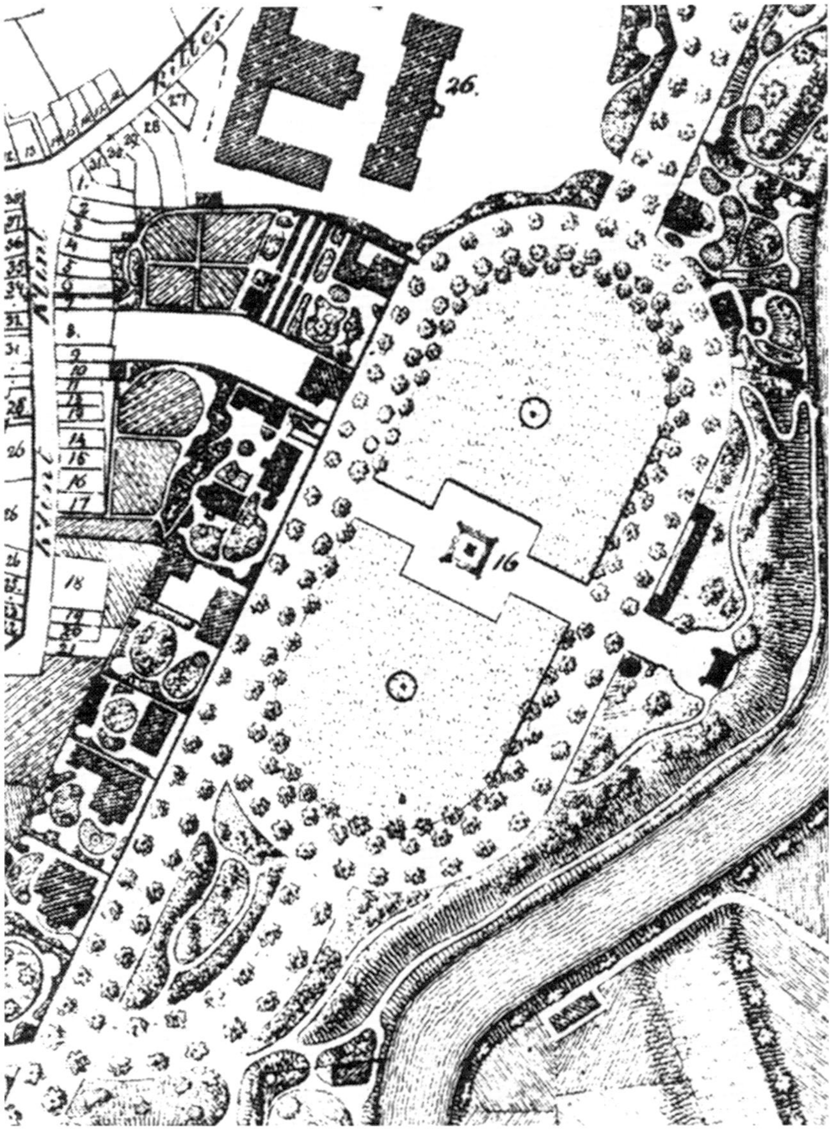

Löwenwall um 1865
Chr. Wicker: Situation Löwenwall,1865

Löwenwall um 1841
Detailvergrößerung

Löwenwall um 1872
Plan von Braunschweig mit seiner nächsten Umgebung. Lithografie (Ausschnitt), A. Wehrt, um 1872.
Der Monumentplatz ist im Südosten von der sich erweiternden Stadt noch durch die Oker getrennt. Letzte Reste der alten Befestigung, dem Umflutgraben der Oker östlich vorgelagert, sind noch sichtbar.

Klint.
59.
Platz.
58.
Monuments
84.

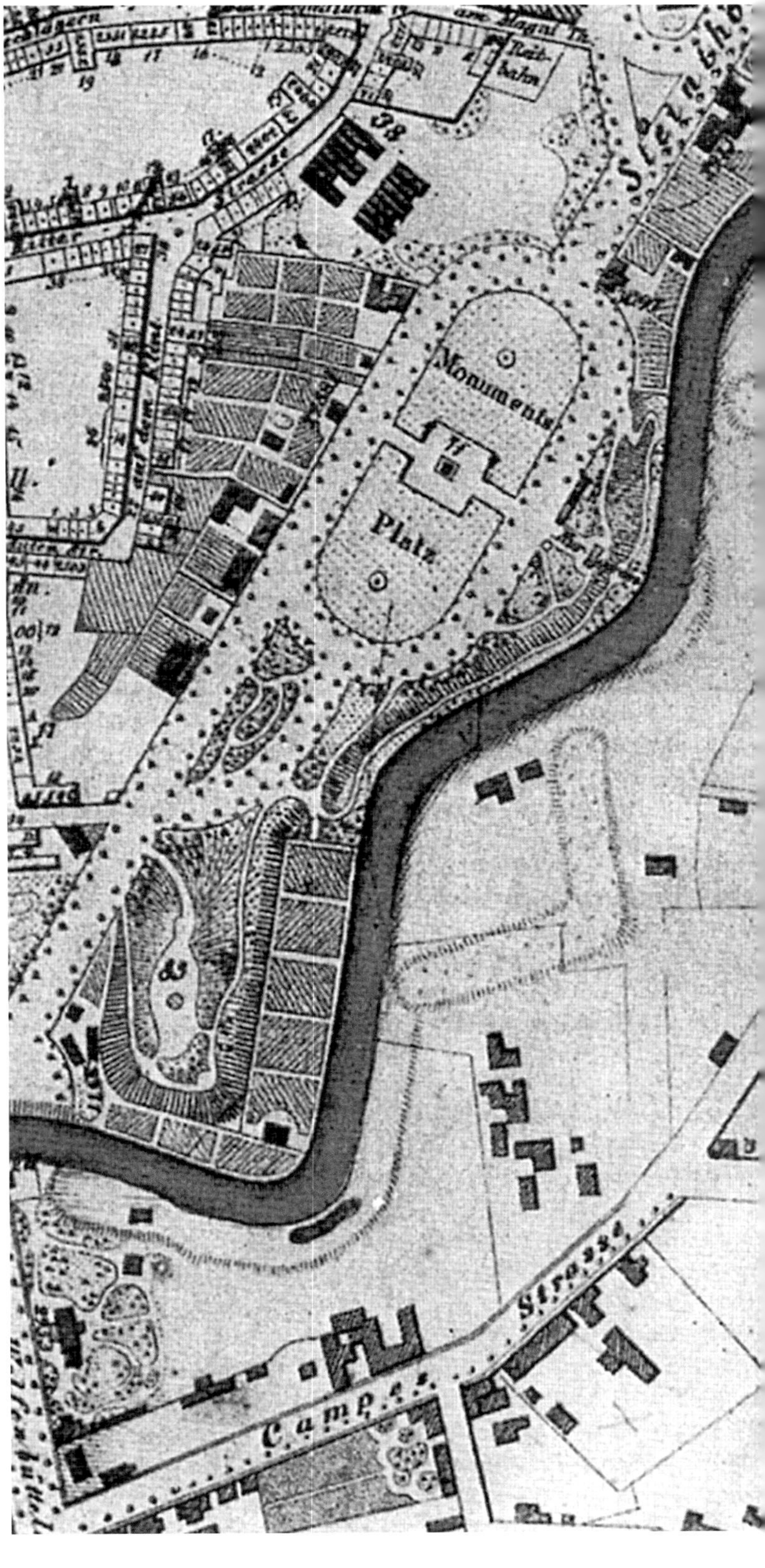
Monuments
Platz.
83
Campes
Strasse

Das Anwesen Gerloff 1880–1889

Der erste Beleg für die Anwesenheit der Gerloffs am Löwenwall geht aus einer Zeichnung von 1882 zur »Aushauung von Kastanien-Bäumen« am Monumentplatz hervor.

Der Zuckergroßhändler Louis Gerloff erwarb 1880 das Anwesen Langerfeldt mit dem darauf stehenden kleinen Gartenhaus. Bis dahin residierten die Gerloffs in einem Patrizierhaus in der Steinstraße 2 und 3. Hier fand auch 1871 die Gründung der Zucker-Firma Vibrans & Gerloff statt.

Gerloffs wirtschaftlicher Erfolg ist eng mit dem Siegeszug der Zuckerrübe und einer wegweisenden Idee verbunden. Der »Kolonialwarenhändler« füllte damals noch den Zucker beim Verkauf aus Säcken in Papiertüten. Dann kam Zuckergroßhändler Louis Gerloff auf die Idee mit der Einwegverpackung. Der Zucker wurde, bereits in Pfundtüten abgewogen, an die Kaufleute abgegeben. Dies brachte ihm in der Folge Wohlstand und die finanziellen Möglichkeiten, 1880 das Anwesen Langerfeldt zu erwerben.

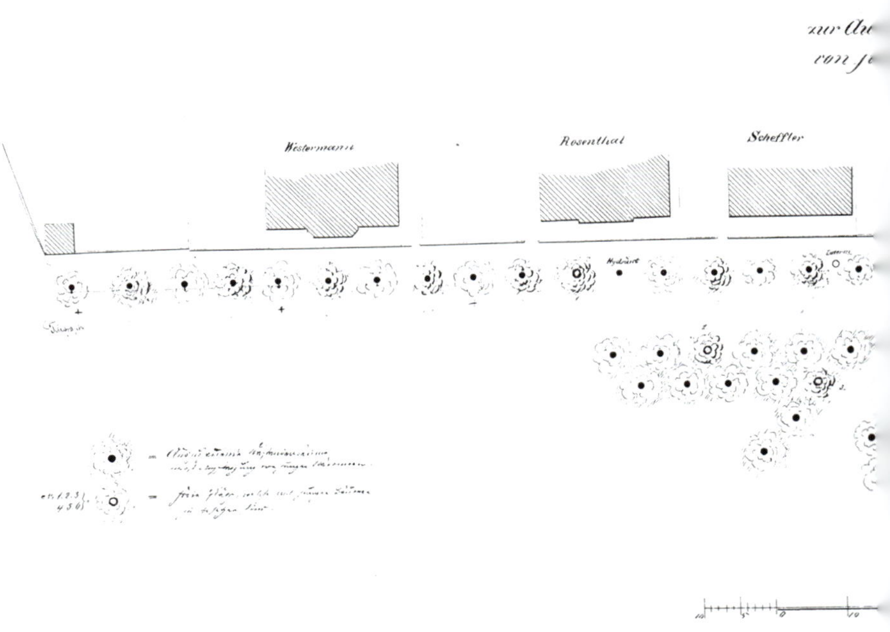

Der Löwenwall 1882
»Aufnahme zur Aushauung von Kastanien-Bäumen und Neuanpflanzung von jungen Bäumen in der stadtseitigen Baumlinie am Monumentplatz.«
Kol. Zeichnung (18 x 69 cm), 16.09.1882.

Gartenhaus Gerloff um 1880
Originalzeichnung zum Umbau des Gartenhauses von 1909, die jedoch den Zustand des Gebäudes zum Zeitpunkt des Erwerbs um 1880 wiedergibt. Jeden Sommer zog die Familie aus der Stadt in das älteste Haus am Löwenwall Nr. 18 – dem Sommerhaus –, bis dann auf dem rückwärtigem Grundstück 1888/89 die heutige Villa Gerloff erbaut wurde.

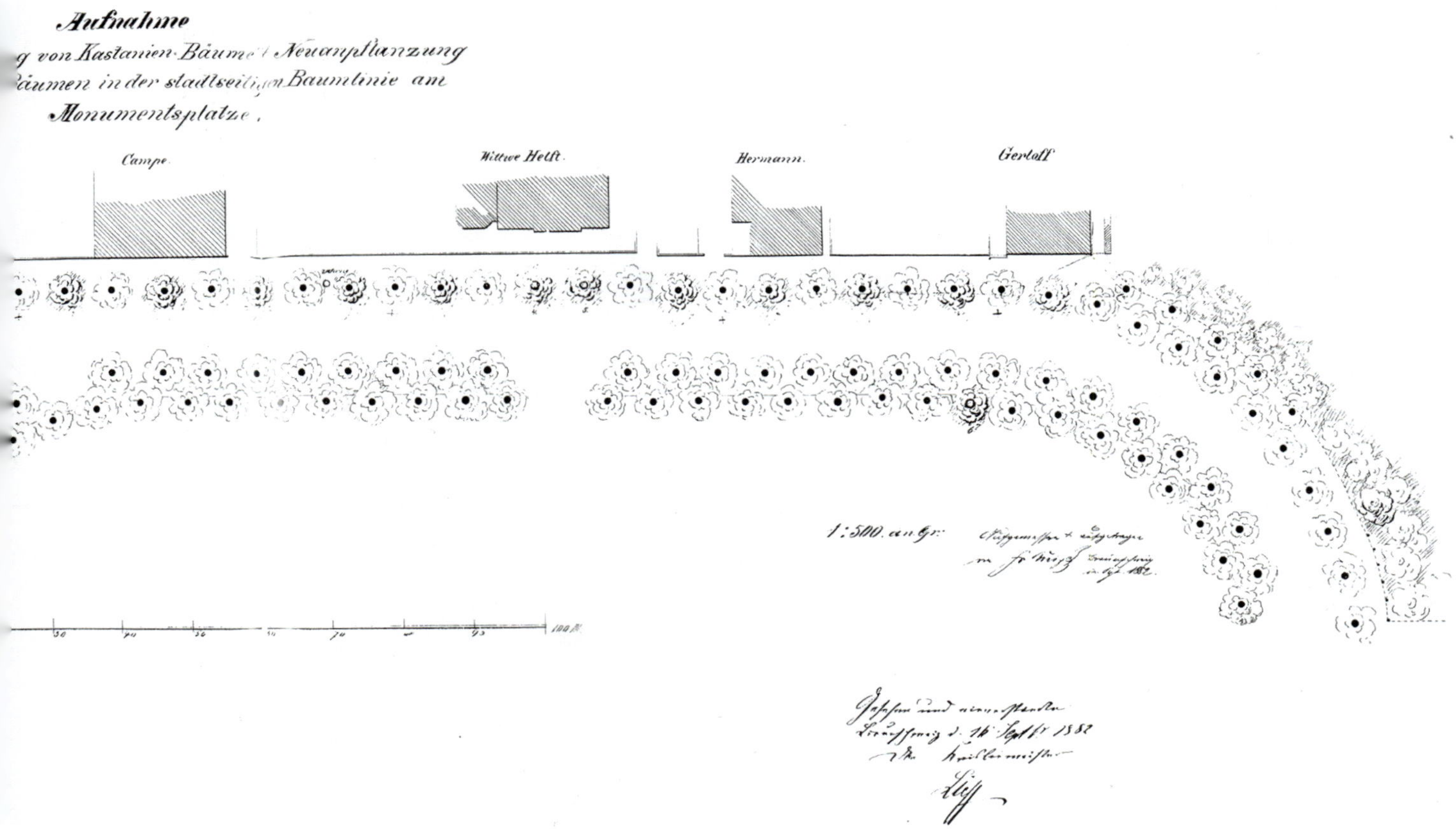
Aufnahme
g von Kastanien-Bäume + Neuanpflanzung
Bäumen in der stadtseitigen Baumlinie am
Monumentsplatze.
Campe.
Wittwe Helft.
Hermann.
Gerloff
1:500. n. Gr.

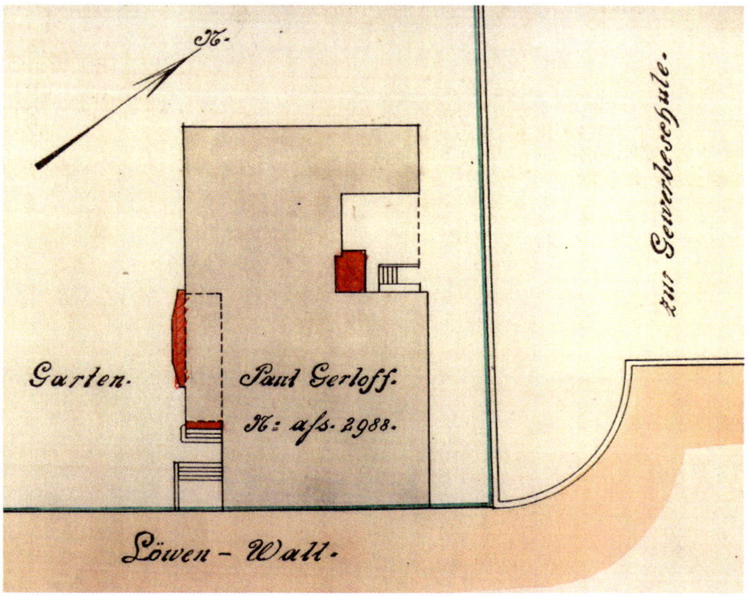
N.
zur Gewerbeschule.
Garten.
Paul Gerloff.
Löwen-Wall.

Die Villa Gerloff – 1889/90
Der Architekt

Bei der Durchsicht der im 19. Jahrhundert beginnenden Bauakten für das Grundstück der Villa Gerloff, die dem folgenden Beitrag als Quelle dienten, fällt auf, dass kein geringerer als Stadtbaurat Ludwig Winter, sich stets persönlich um die gestalterischen Bauaufgaben seines Cousins Louis Gerloff bemühte. Von Beginn an in den Gestaltungsprozess des Anwesens involviert, ist er dann Jahre später auch verantwortlich für die Errichtung der Gerloffschen Villa.

Winter studierte bis 1863 in Braunschweig Architektur und arbeitete dort anschließend zunächst als Hilfstechniker beim Neubau des 1865 ausgebrannten Braunschweiger Schlosses. 1869 studierte er beim Dombaumeister Friedrich Schmidt in Wien die gotische Baukunst. Ab 1870 war er als Baukondukteur und Gehilfe des Braunschweiger Stadtbaurates Carl Tappe tätig. Im Jahr 1877 stieg Ludwig Winter zum Stadtbaumeister auf, um schließlich 1881 selbst Braunschweiger Stadtbaurat zu werden. Nachdem er 1909 noch zum Geheimen Baurat ernannt wurde, ging er 1915 in die verdiente Pension. Bis dahin hatte Ludwig Winter insgesamt 38 Jahre die architektonische Entwicklung und die Gestalt der Stadt Braunschweig maßgeblich geprägt und als Architekt bedeutende öffentliche Gebäude entworfen, darunter nach langjährigen Studien des mittelalterlichen Burgen- und Pfalzenbaus auch die Burg Dankwarderode.

Die Villa Gerloff gehört zu den ganz weinigen privaten Gebäuden, die Ludwig Winter in Braunschweig entworfen und gebaut hat. Um für seinen zwei Jahre jüngeren Cousin als Architekt tätig sein zu können, musste er sich regelrecht »under cover« um dieses Bauvorhaben kümmern, denn es war städtischen Baubeamten seinerzeit strikt untersagt, private Bauvorhaben durchzuführen. Die freien Architekten der Stadt achteten penibel darauf, dass dieses Verbot eingehalten wurde. So traten im Bauantragsverfahren die Architekten Fröhlich und Baumkauf nicht nur als Bauunternehmer, sondern nach außen auch als Architekten auf. Lediglich ein weiteres Gebäude, die „Villa Heymann", die er wenige Jahre früher (1885/86) an der Wolfenbütteler Straße errichtete, hat Ludwig Winter in den Bauformen der Neorenaissance konzipiert.

Ludwig Winter, Portrait zum 70. Geburtstag, Ölgemälde von Erich Körner

Burg Dankwarderode (1887 – 1906), Architekt: Ludwig Winter

Villa Heymann in Braunschweig (1885 – 1886) ,
Architekt: Ludwig Winter

Zeichnung zur Garteneinfriedung am Monumentplatz Nr. 7
für Herrn L. Gerloff,

»Revisionsbemerkungen
Von den architektonischen Formen der Pfeiler und den dazwischen befindlichen Füllungen sind die Teilzeichnungen in 1/10 der natürlichen Größe dem Unterzeichneten zur Genehmigung vorzulegen. Ein Überbauen der Futtermauer im Mittelfeldbau „a“ ist unstatthaft. Der Sockel mit dem Quadratsockel soll auf der ganzen Länge in derselben Fluchtlinie eingehen. Werkvollendung der Baulichkeit ist dem Unterzeichneten behuf (Kanzleisprache: Zweck, Erfordernis) Aufsicht der vorschriftsmäßigen Revision Anzeige zu erstatten.
gez. L. Winter, Braunschweig, d. 12. August«

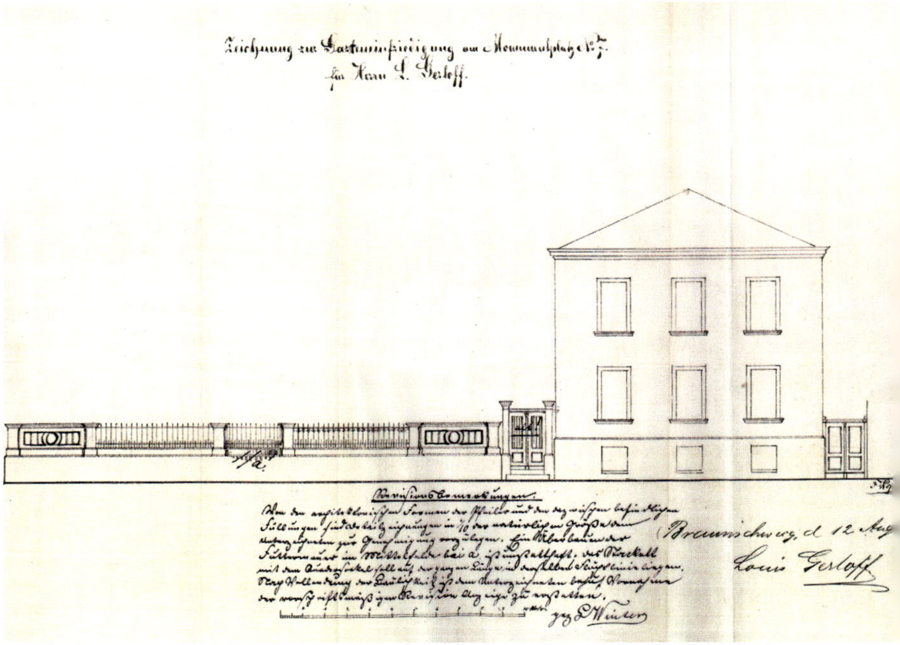

Zeichnung zur Anlage einer eisernen Thür (Thorweg) auf dem Grundstück des Herrn L. Gerloff

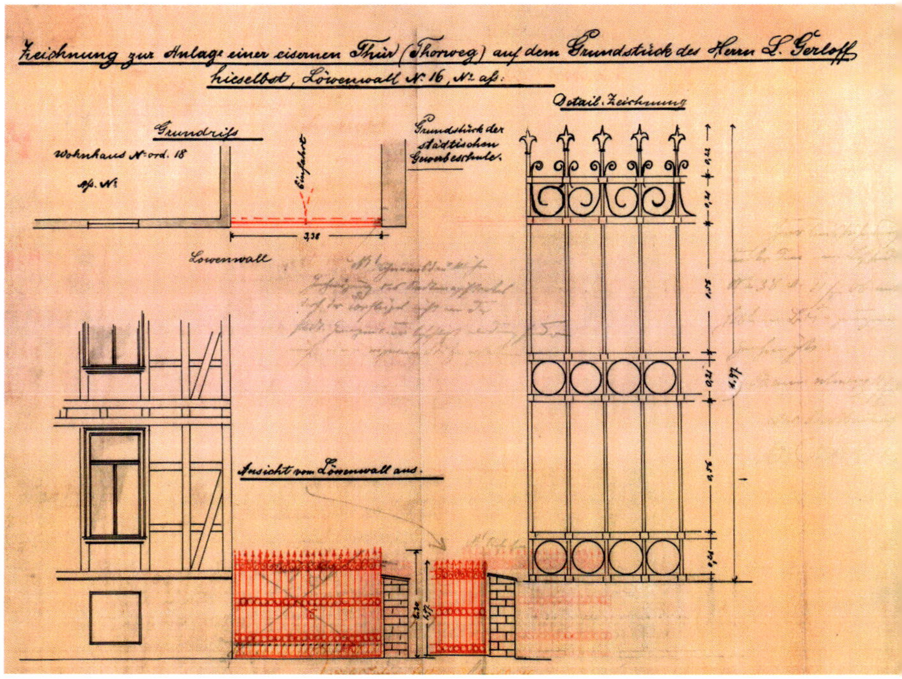

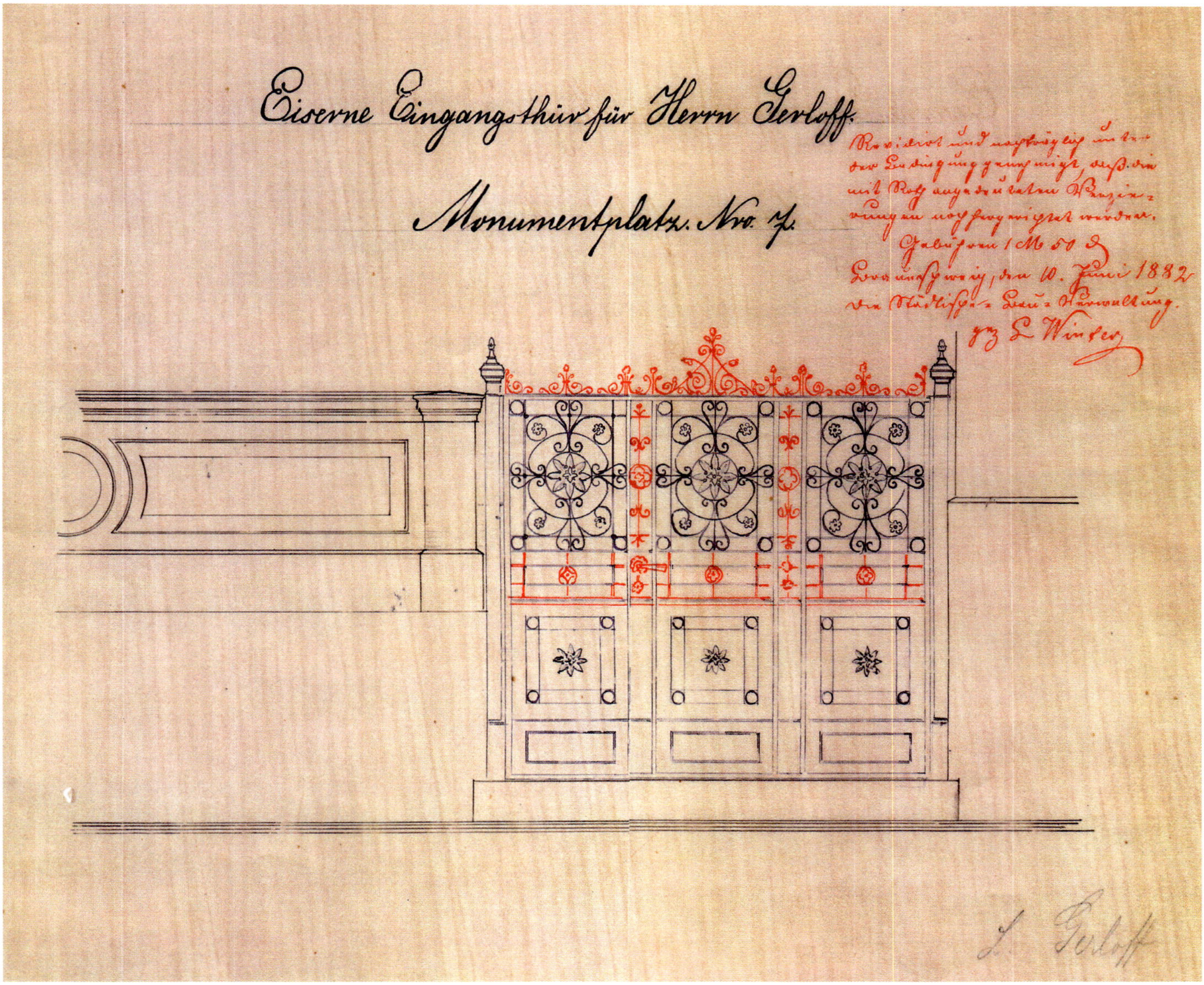

»Eiserne Eingangsthür für Herrn Gerloff, Monumentplatz Nro. 7
Revidiert und nachträglich unter der Bedingung genehmigt, dass die mit Roth angedeuteten Verzierungen noch genehmigt werden.

Gebühren 1 M 50 Pf
Braunschweig, den 10. Juni 1882«

Die durch den Bauherrn Louis Gerloff bei der Stadt Braunschweig vorgelegten, durch Ludwig Winter erstellten Baupläne wurden am 13. Januar 1888 genehmigt. Bis auf einige kleine Änderungen an der Befensterung der Schaufassade handelte es sich um den in den folgenden beiden Jahren zur Ausführung gekommenen Villenbau.

Ludwig Winter spielte mit der Topographie des Baugrundstückes und konzipierte ein Gebäude in nobler und zurückhaltender Bauweise im typischen Villenstil der Neorenaissance. Die Schauseite des Gebäudes zum heutigen Löwenwall ist von absolutem »Understatement« geprägt, da das Gebäude weitaus größer ist, als seine Fassade vorgibt: Die Baupläne zeigen, dass die Villa nach hinten ein zweistöckiges Sockelgeschoss besitzt, das vom Löwenwall aus nicht einsehbar ist.

Doch nicht nur die Baudisposition auf dem stark abfallenden Grundstück, sondern auch die Baudurchführung war höchst ungewöhnlich. Weil vom Monumentenplatz aus die Heranführung der Materialtransporte nicht möglich war, erwarb der nicht unbegüterte Gerloff kurzerhand die im Westen an sein Grundstück anschließenden Wohnhäuser am Klint, um sie zur Herstellung einer Baustellenzufahrt abzureißen. Während der Bauzeit wurden die Bewohner in anderen Häusern untergebracht. Nach Abschluss der Bauarbeiten ließ Gerloff die abgerissenen Häuser wieder aufbauen und die ehemaligen Bewohner zogen zurück.

Der Neubau wurde weit zurückliegend im Grundstück errichtet, nachdem das kleine Gartenhaus, das unmittelbar an der Promenade gelegen hatte, abgebrochen worden war. Eine niedrige Bruchsteinmauer und ein geschmiedeter Eisengitterzaun begrenzen das Grundstück zum Wall.

Villa Gerloff, Lageplan, 1888

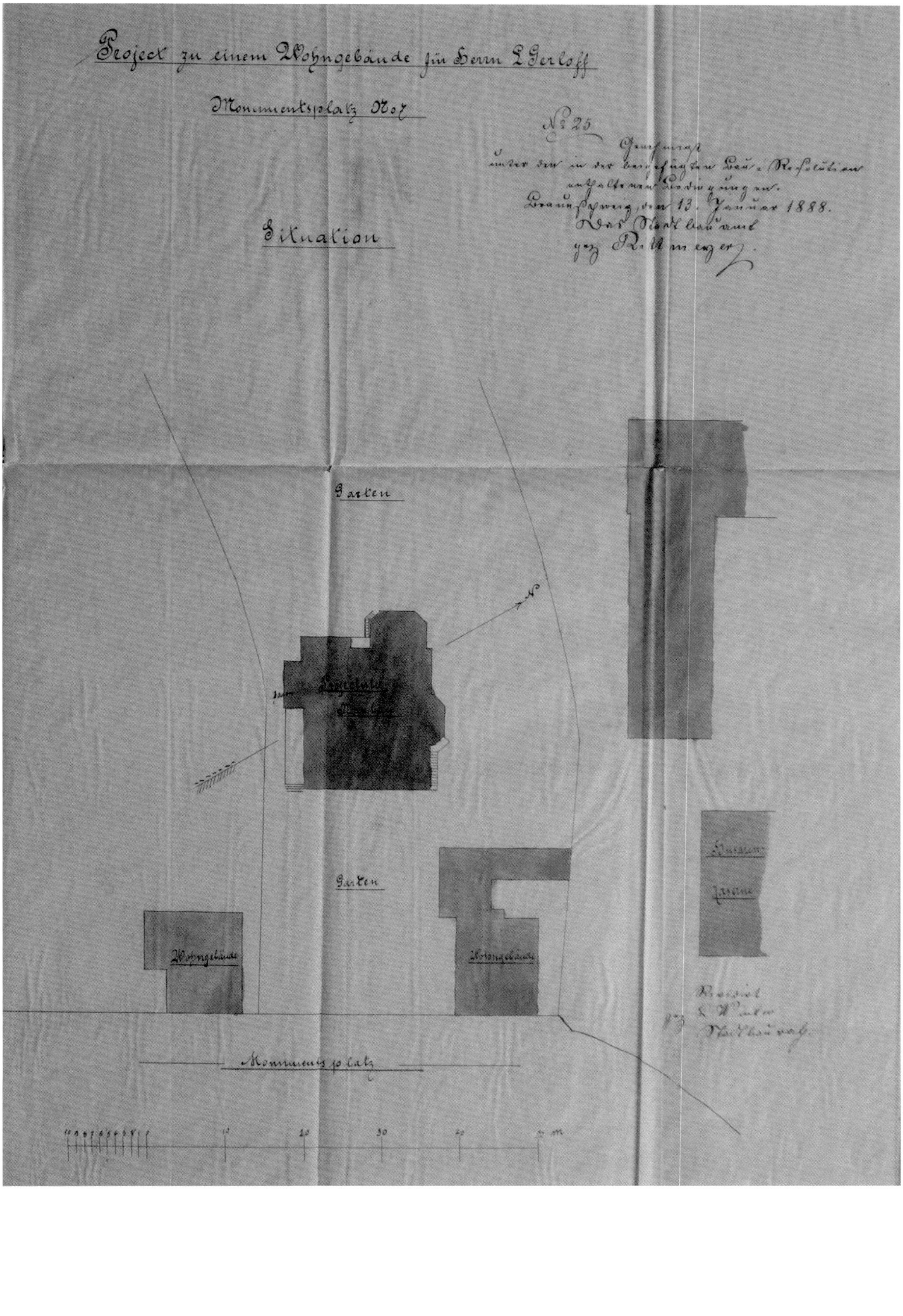
Project zu einem Wohngebäude für Herrn L. Gerloff
Monumentsplatz No 7
No 25
Genehmigt
unter den in der beigefügten Bau-Resolution
enthaltenen Bedingungen.
Braunschweig, den 13. Januar 1888.
Das Stadtbauamt
Situation
Garten
N
Garten
Wohngebäude
Wohngebäude
Monumentsplatz
10
20
30
40
50 m

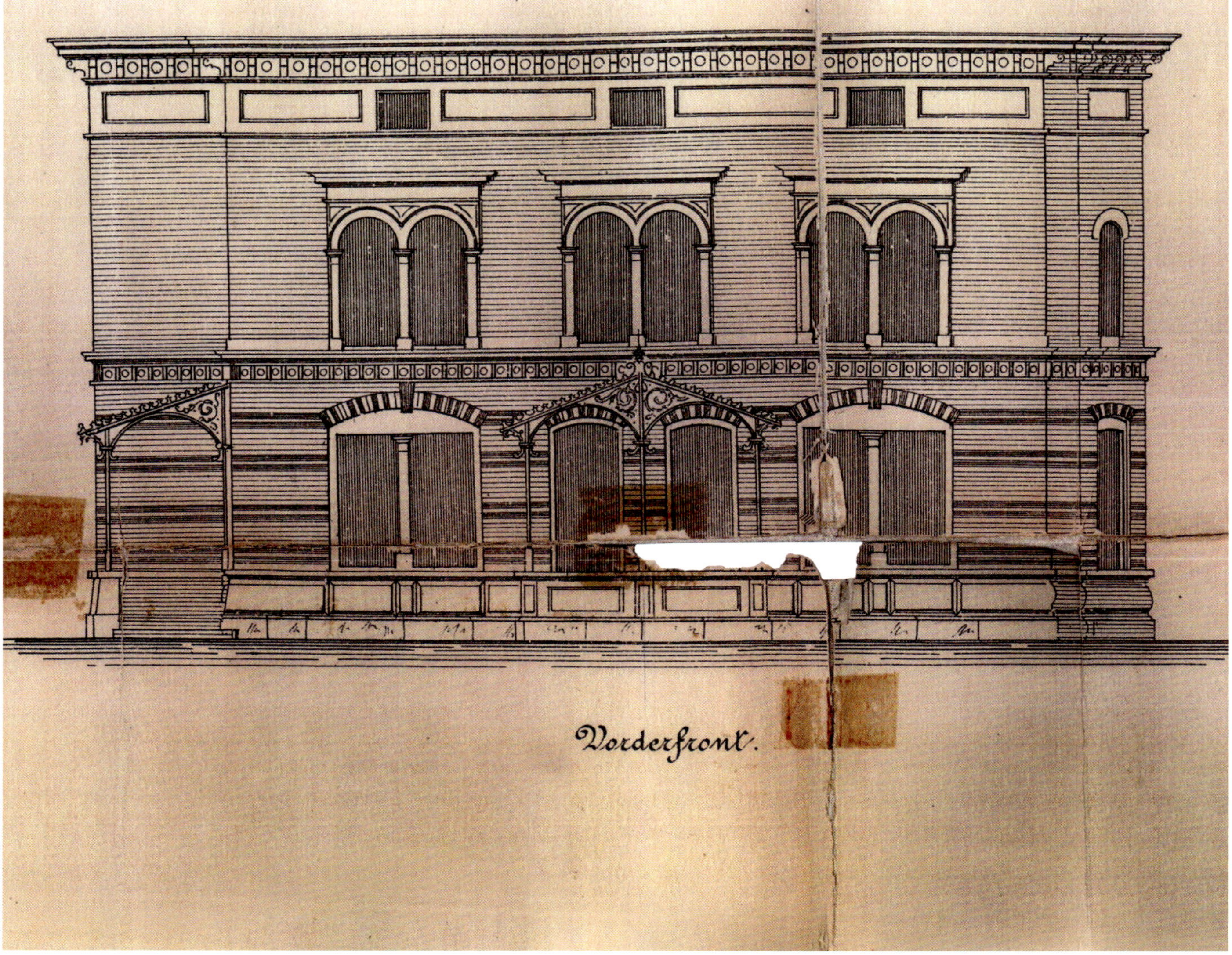

Ansicht von Osten, 1888

Ansicht von Westen, 1888

Hinterfront.

Ansicht von Norden, 1888

Ansicht von Süden, 1888

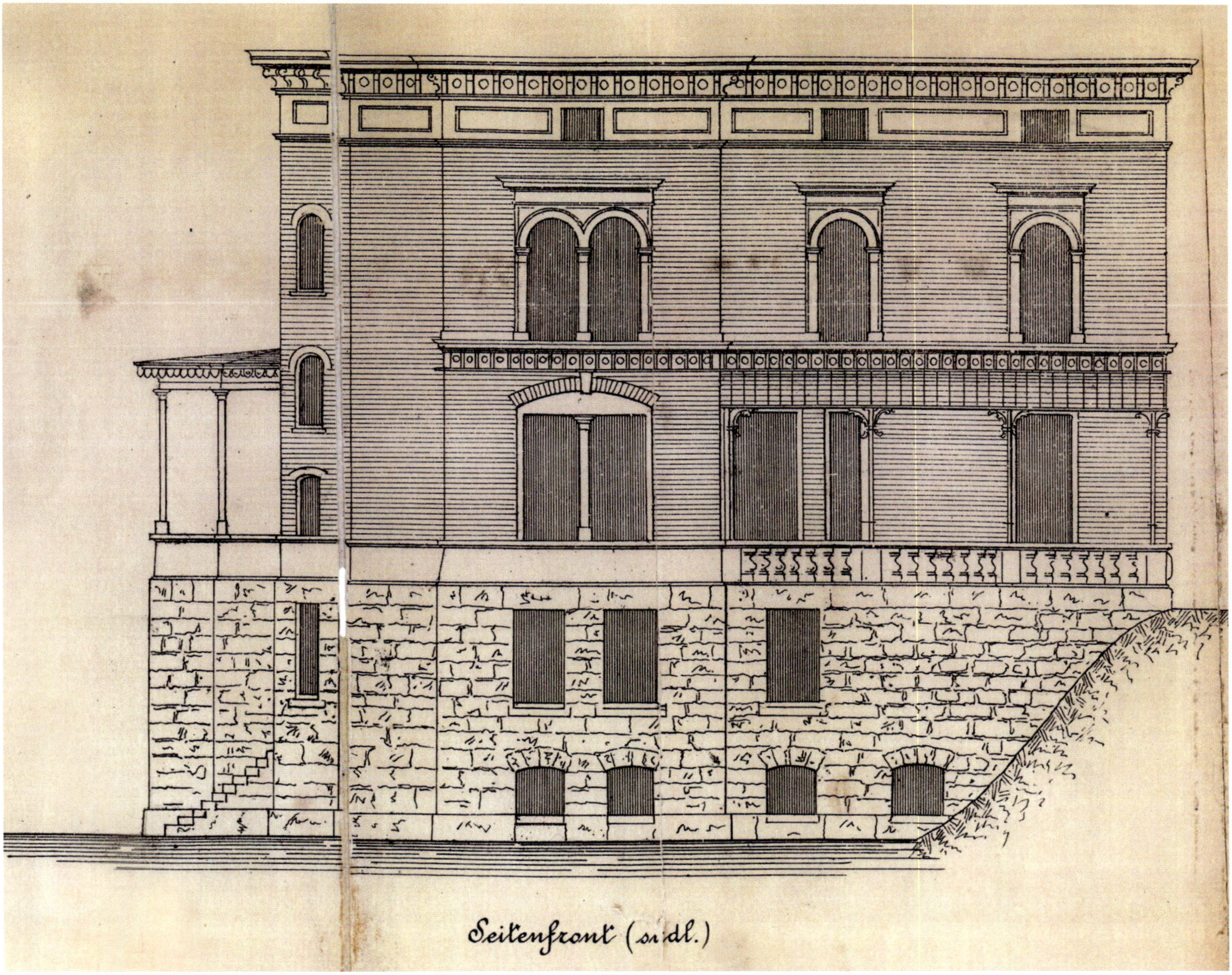
Seitenfront (südl.)

Die Villa Gerloff repräsentiert in besonders anschaulicher Weise den Bautyp der großbürgerlichen, gründerzeitlichen Villa im Braunschweig des ausgehenden 19. Jahrhunderts. Völlig im Gegensatz zu Winters architektonischer Vorliebe für die mittelalterliche Baukunst, – zur Romanik und zur Gotik – hat er die Villa Gerloff im Stil der italienischen Renaissance entworfen. Dieses dürfte auf besonderen Wunsch seines Cousins geschehen sein, der auf einer Reise nach Italien, die dortige Baukunst kennen und schätzen gelernt hatte.

Die von Ludwig Winter noch einmal überarbeitete Gestaltung der Hauptfassade wurde in den Jahren 1889/90 realisiert und ist bis heute unverändert erhalten. Waren die drei erdgeschossigen Fensterpaare im ersten architektonischen Entwurf noch jeweils unter einem einzigen Stichbogen zusammengefasst, so trennte Winter diese optisch, indem er jedes einzelne Fenster mit einem eigenen Stichbogen ausstattete. Zweck dieser Umplanung war die gestalterische Hervorhebung der Bel Etage, in der Winter die Fensterpaare mit antikisierenden Rahmenarchitekturen zusammenfasste und das mittlere Fensterpaar mit einem flachen Dreiecksgiebel akzentuierte.

Das Erdgeschoss der zum Löwenwall orientierten, achsialsymmetrischen Hauptfassade, das gegenüber der Bel Etage gestalterisch zurückgenommen werden sollte, wurde den italienisierenden Vorbildern des Historismus entsprechend mit einer leichten Bossierung, hier in Putz mit einem feinen Fugenstrich versehen. Ein umlaufendes kräftiges Stockwerksgesims trennt die beiden herrschaftlichen Wohnetagen voneinander. Die darüber liegende Bel Etage verleiht dem Bauwerk mit seinem roten Ziegelmauerwerk einen edlen Charakter und steht in feinem Kontrast zu den hell geputzten Fensterrahmungen.

Den architektonischen Abschluss des Gebäudes nach oben – auch das gehört bei italienisierenden Villenbauten des Historismus zum Gestaltungsprogramm – bildet das in die Frieszone eingefügte Mezzaningeschoss unter dem flachen Dach, dass von einem kräftigen, umlaufenden Kranzgesims getragen wird.

Fassade von Osten, 2009

Erster Entwurf, 1888

Leicht geänderter und so ausgeführter Entwurf, 1888

Vorderfront.

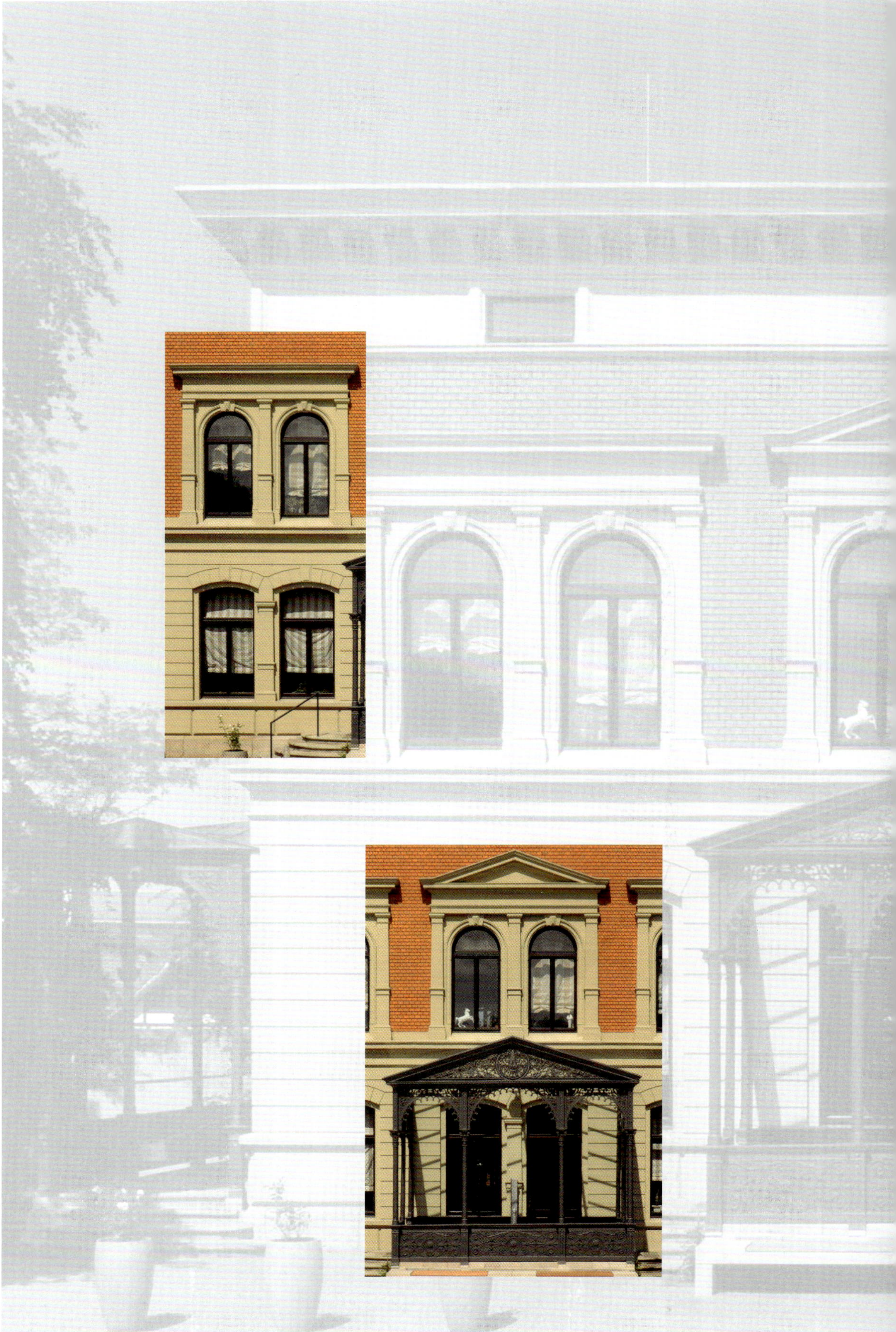

Ansicht von Osten,
Gestaltungsprinzipien

Das für die architektonische Wirkung des auf zurückhaltende Repräsentation ausgerichteten großbürgerlichen Wohngebäudes nachrangige zweigeschossige Souterrain wurde in rauem Hausteinmauerwerk aufgeführt. Für die dahinter liegenden Wohn- und Wirtschaftsräume der Bediensteten und den Unterstand für die Kutsche, wäre eine aufwändigere Gestaltung nicht angemessen gewesen.

Ansicht von Westen (Rückseite), II. Kellergeschoss und Erdgeschoss

Ansicht von Osten, 2009

Zwei weitere architektonische Elemente spielen für das hochherrschaftliche Erscheinungsbild des Gebäudes eine besondere Rolle. Es handelt sich zum Einen um eine überdachte Loggia mit gusseisernen Zierbrüstungen vor der Hauptfassade zum Obergarten, die von beiden Seiten durch jeweils vier geschwungene Sandsteinstufen erschlossen wird. Gusseisensäulen tragen das Glasdach dieses Vorbaus, dessen Giebel durchbrochenes Rankenwerk und Pflanzenornamentik zeigt. Ein besonderes Indiz für den Repräsentationswillen des Erbauers sind der in den Giebel der Loggia eingearbeitete Zuckerhut und die Zuckerrübe als Hinweis auf seine geschäftlichen Aktivitäten. Der Fußboden der Loggia wurde mit edlen »Mosaik-Fliesen« mit ebenfalls floralen Mustern belegt.

Zum Anderen handelt es sich um eine weitere gusseiserne Überdachung, die von sechs Säulen getragen wird, für den bei Braunschweiger Wohngebäuden typischen an der Seite des Gebäudes angeordneten Eingang. Der ebenfalls mit einem Glasdach überdeckte Eingangsvorbau ist etwas schlichter gehalten als die Loggia. Im Giebeldreieck, das ebenfalls florale Ornamentik besitzt, ließ der Bauherr sein Monogramm »LG« in verschlungener Linienführung einarbeiten. Gusseiserne Vorbauten dieser Qualität besitzen heute im norddeutschen Raum hohen Seltenheitswert.

Gusseiserne Loggia vor der Hauptfassade

Gusseiserne Loggia,
Zuckerhut und Zuckerrübe

Gusseiserne Loggia, Details

Gusseiserne Loggia, Detail

Gusseiserne Loggia, Mosaikfußboden

Gusseiserne Eingangsüberdachung an der Südseite der Villa

Gusseiserne Eingangsüberdachung, Details

Gusseiserne Eingangsüberdachung, Monogramm des Hausherrn

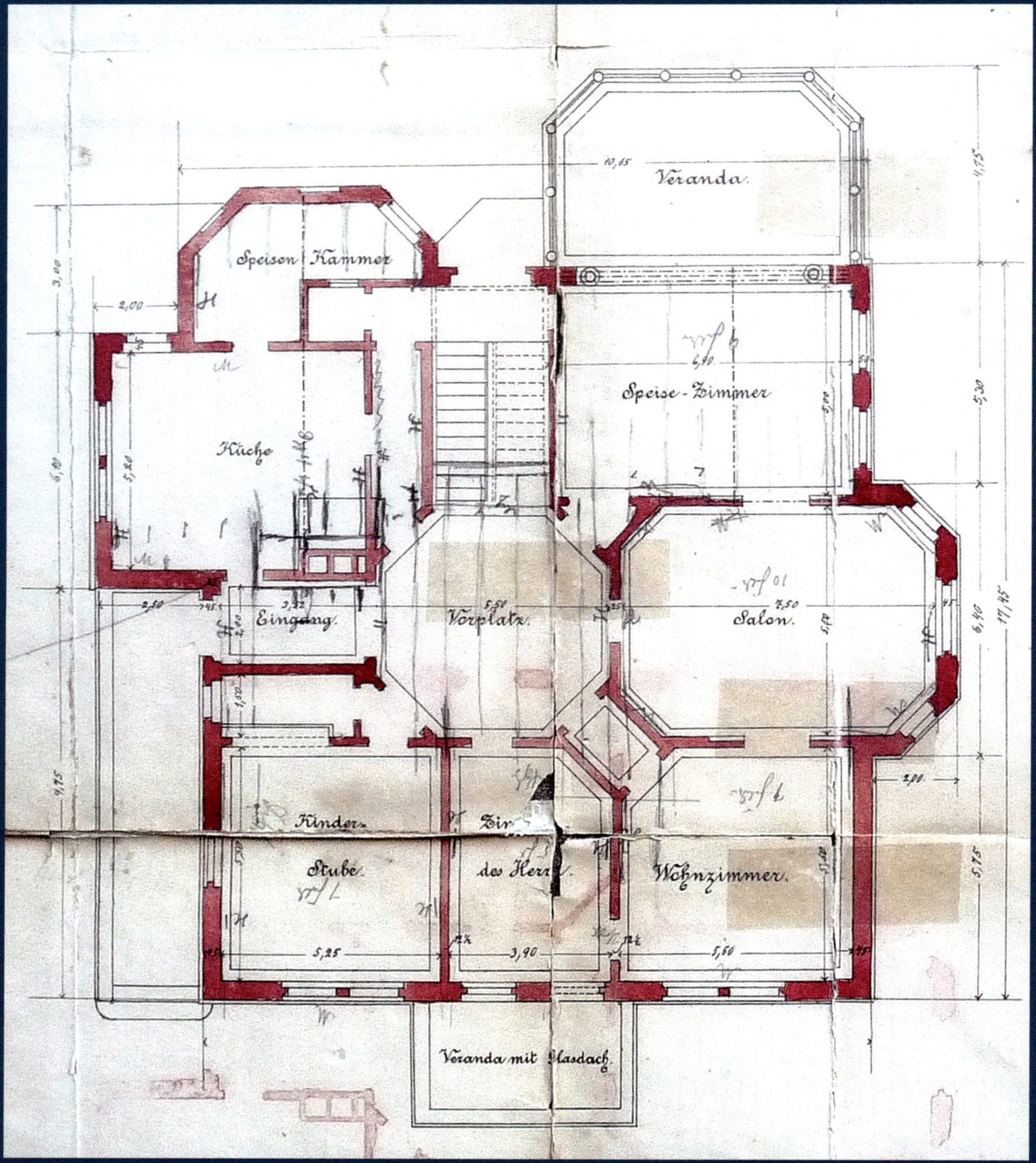

Grundriss Erdgeschoss, 1888

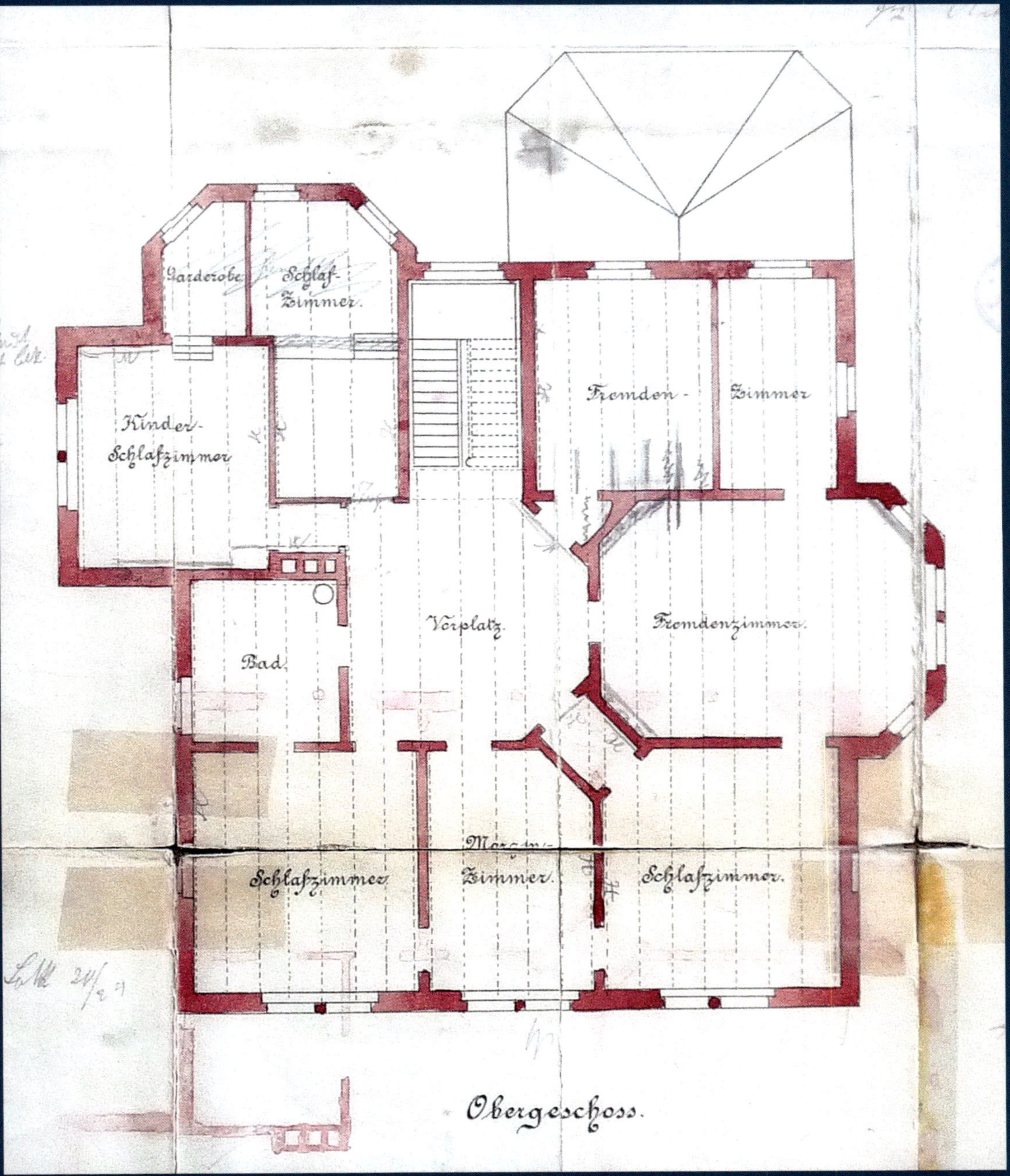

Grundriss Obergeschoss, 1888

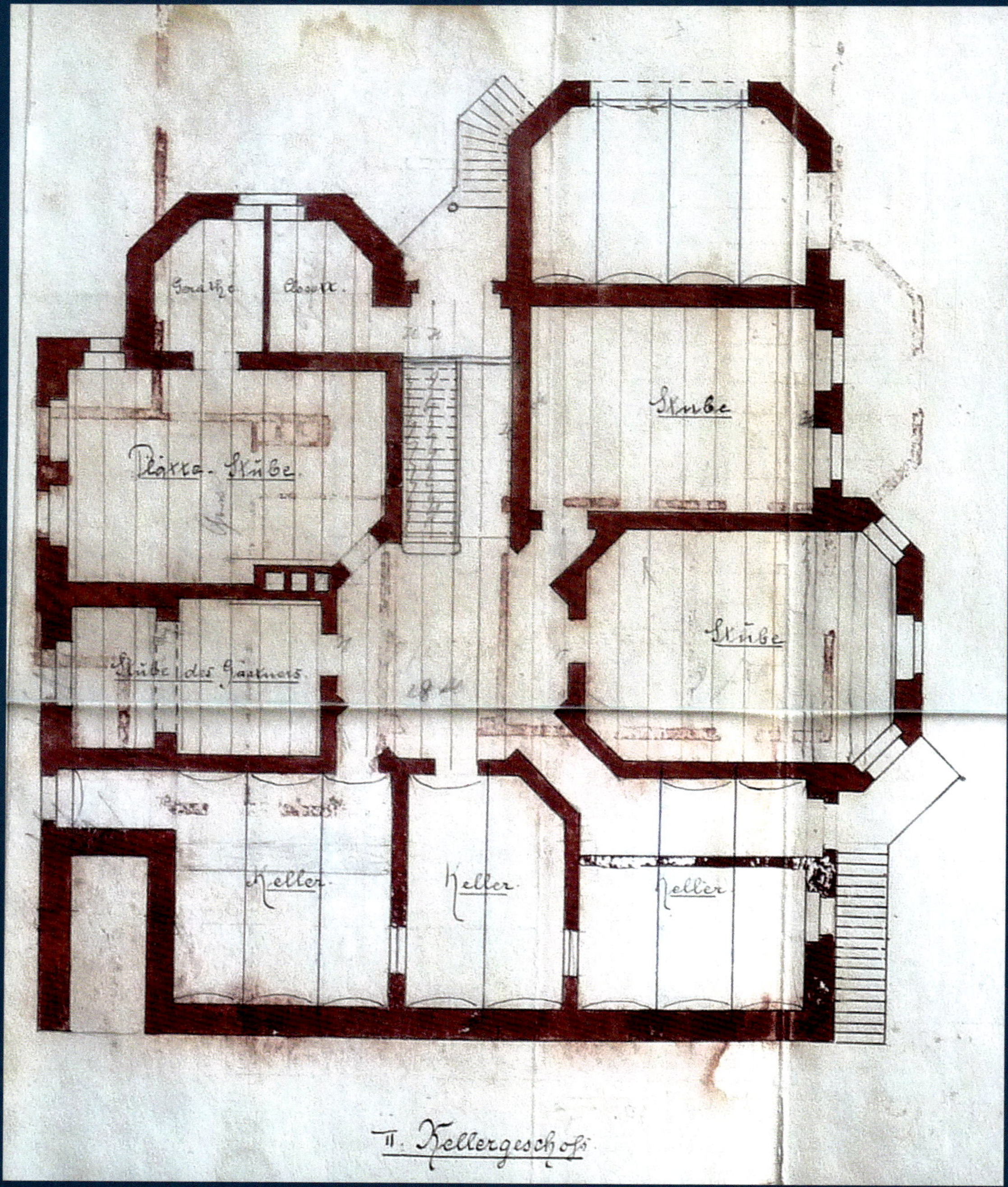

Grundriss II. Kellergeschoss, 1888

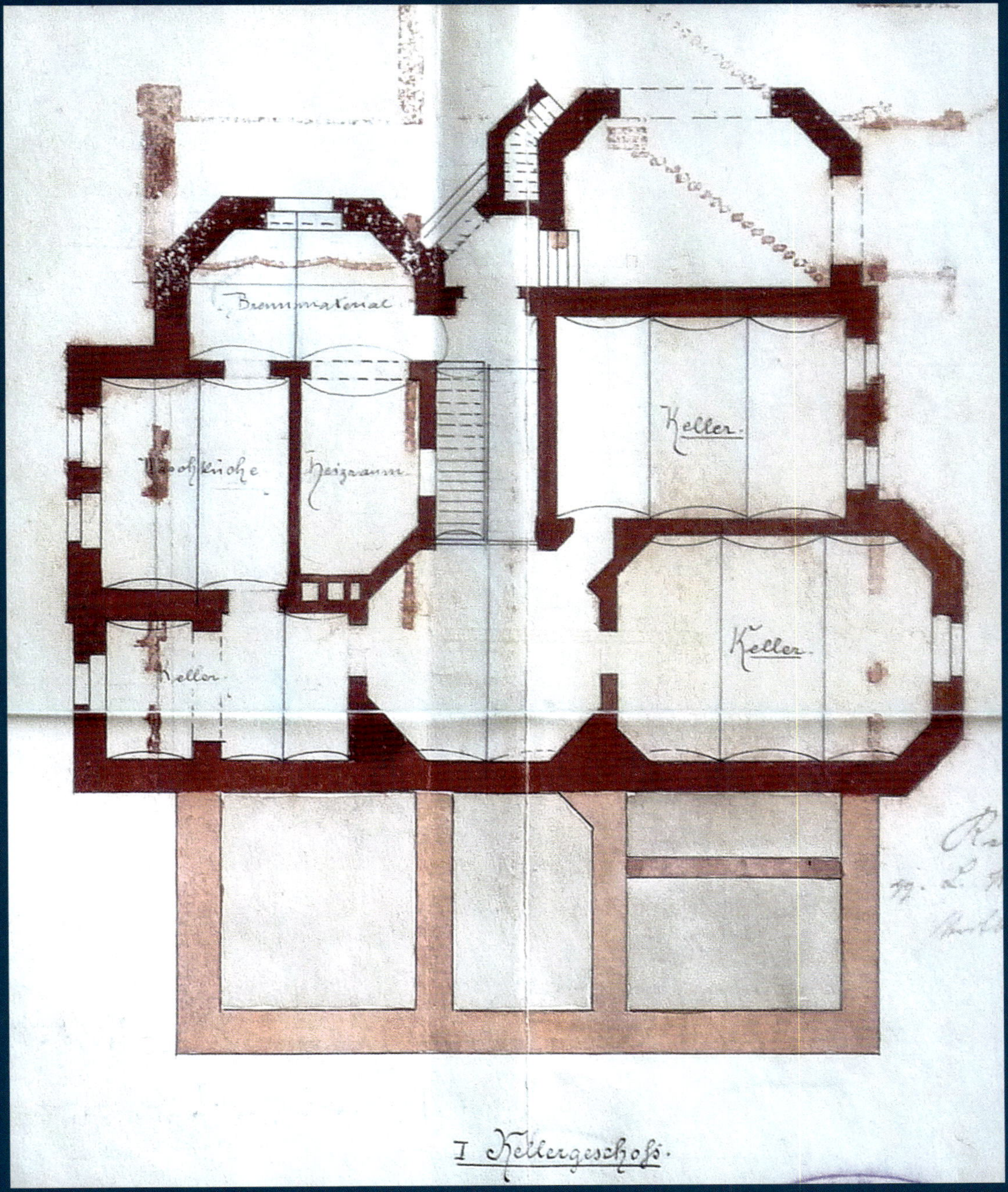

Grundriss I. Kellergeschoss, 1888

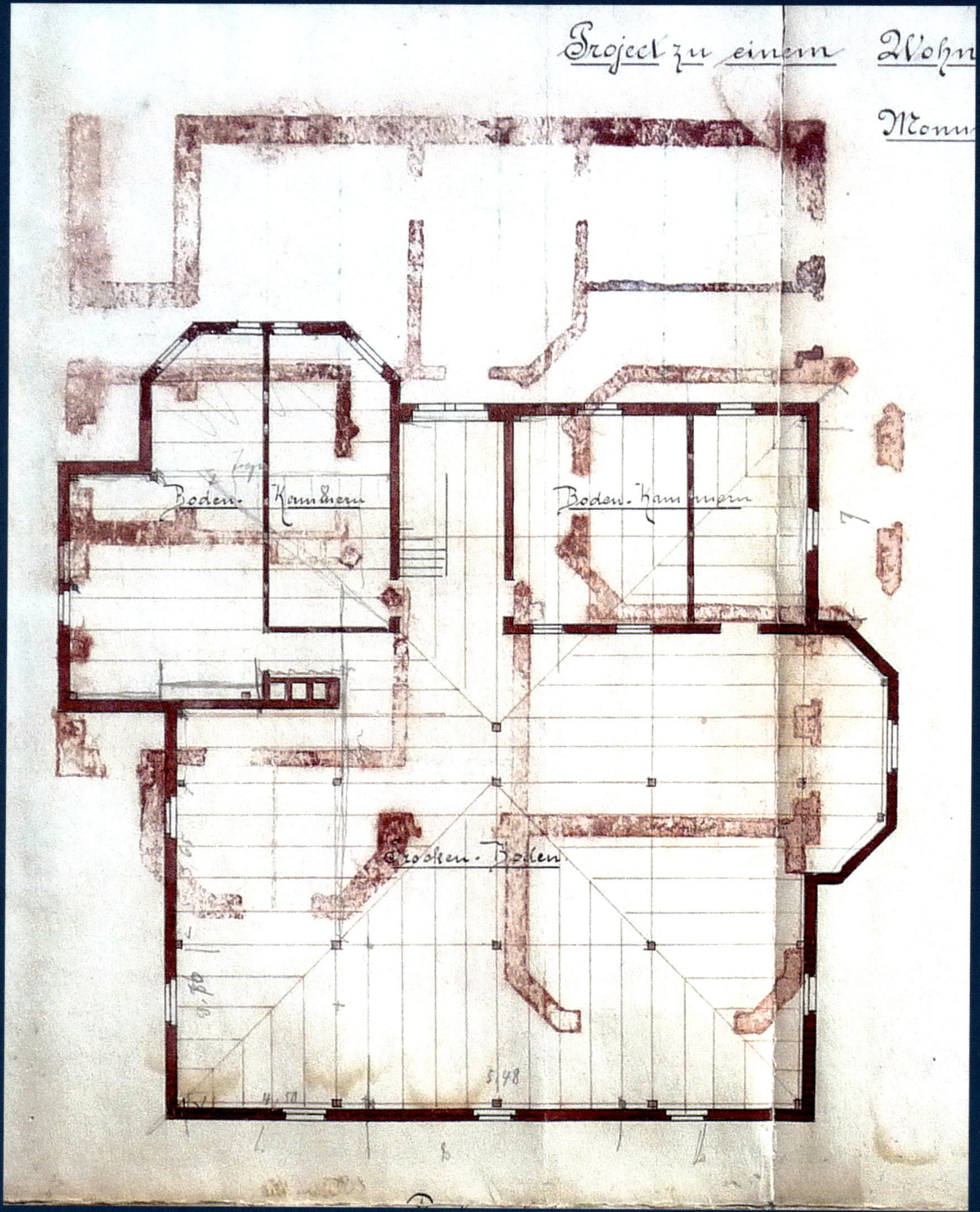

Grundriss Dachgeschoss, 1888

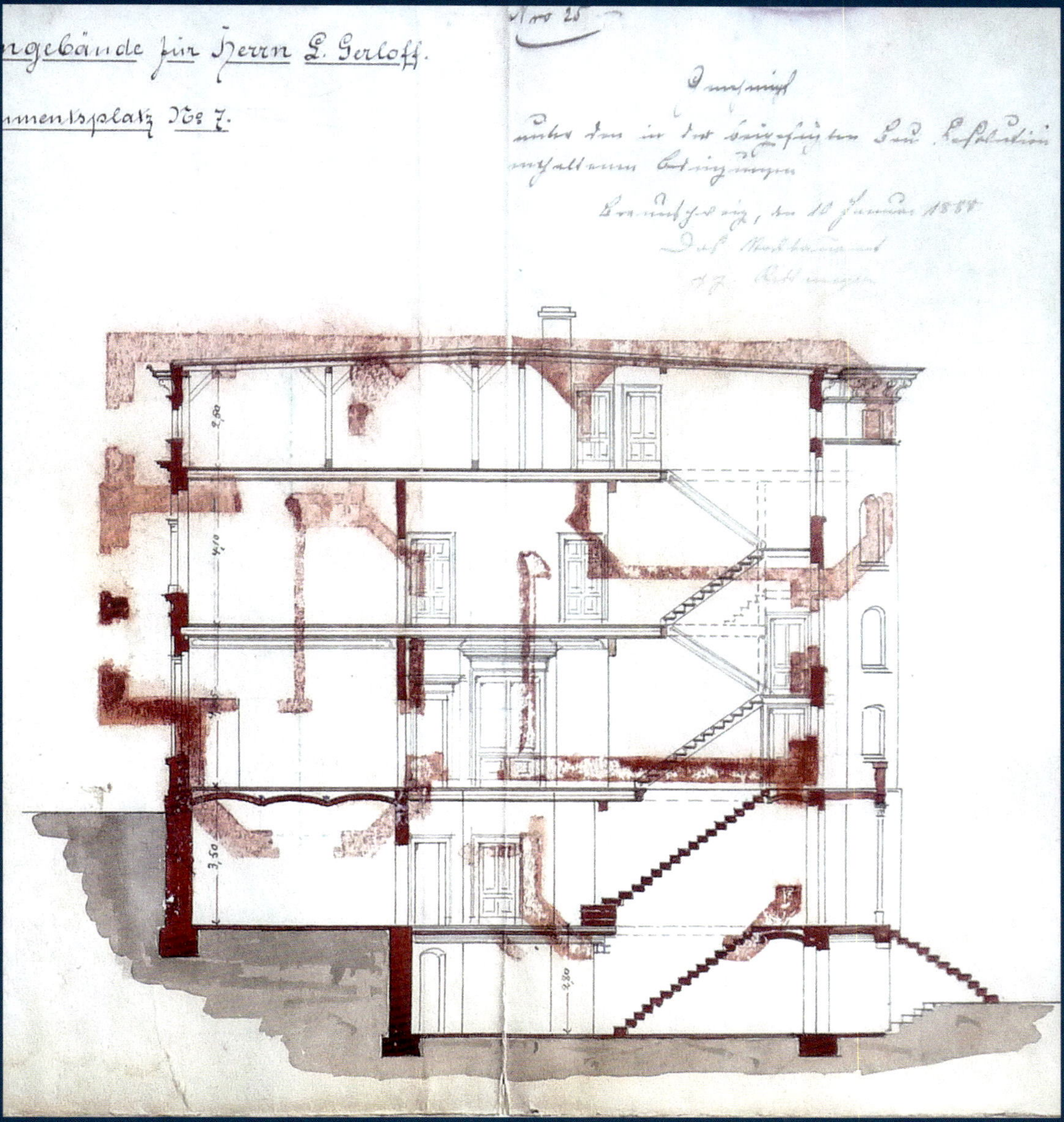

Grundriss Gebäudeschnitt, 1888

Erdgeschoss, Oktogonale Diele

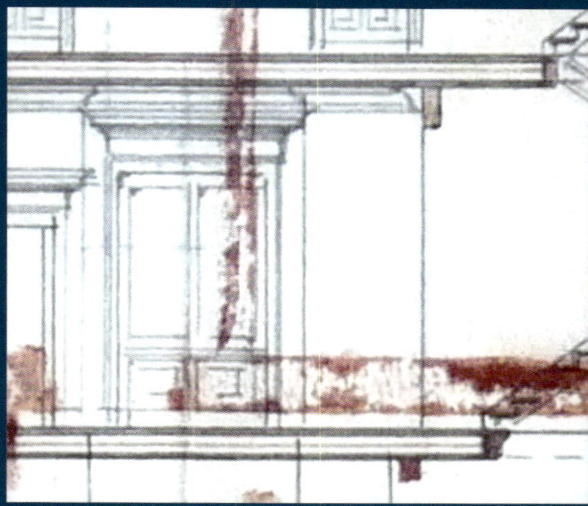

Erdgeschoss, Oktogonale Diele, ehemalige doppelflügelige Eingangstür

Erdgeschoss, Oktogonale Diele, gegenüber der Eingangstür liegende, von Spiegeln gerahmte Tür zum Salon

Das sich an der architektonischen Gestaltung des Außenbaus dokumentierende Repräsentationsbedürfnis des Bauherrn setzt sich im Innern fort: Vom seitlichen Haupteingang auf der Südseite plante Ludwig Winter einen schmalen Flur, der in einer, die ganze Flurbreite einnehmenden, raumhohen, zweiflügeligen Tür endet, nach deren Durchschreiten sich eine umso anspruchsvollere oktogonale Diele öffnet, aus deren reich geschnitzten hölzernen Wandvertäfelungen die ebenfalls opulenten Türrahmungen herauswachsen. Gegenüber der Eingangstür liegt die von einem Spiegelpaar gerahmte Tür zum Salon. Der nobel zurückhaltend stuckierte Deckenspiegel der Diele war ehemals in bräunlichen Tönen koloriert.

Die hochherrschaftliche oktogonale Diele öffnet sich nach Westen zu einer der beeindruckendsten Treppen des Historismus in Niedersachsen. Eine breite, zweiläufige, reich ornamentierte Holztreppe verbindet das Erdgeschoss mit den Obergeschossen. Das Besondere dieser hoch filigranen Treppe sind die Setzstufen, die aus kleinen gedrechselten Säulchen bestehen. Da die Trittstufen auf die selbst auch abgetreppten Wangen aufgelegt wurden, besitzt die Treppe auch von der Seite eine besondere Leichtigkeit und Eleganz. Die reich gegliederten Geländerstäbe, die auf den kräftigen, stark profilierten Anfängerpfosten folgen, tragen zum besonderen Erscheinungsbild dieses beeindruckenden Treppenhauses bei.

Erdgeschoss, Oktogonale Diele mit repräsentativem Treppenhaus

Saal

Erdgeschoss, Details der baukünstlerisch hervorragenden Holztreppe

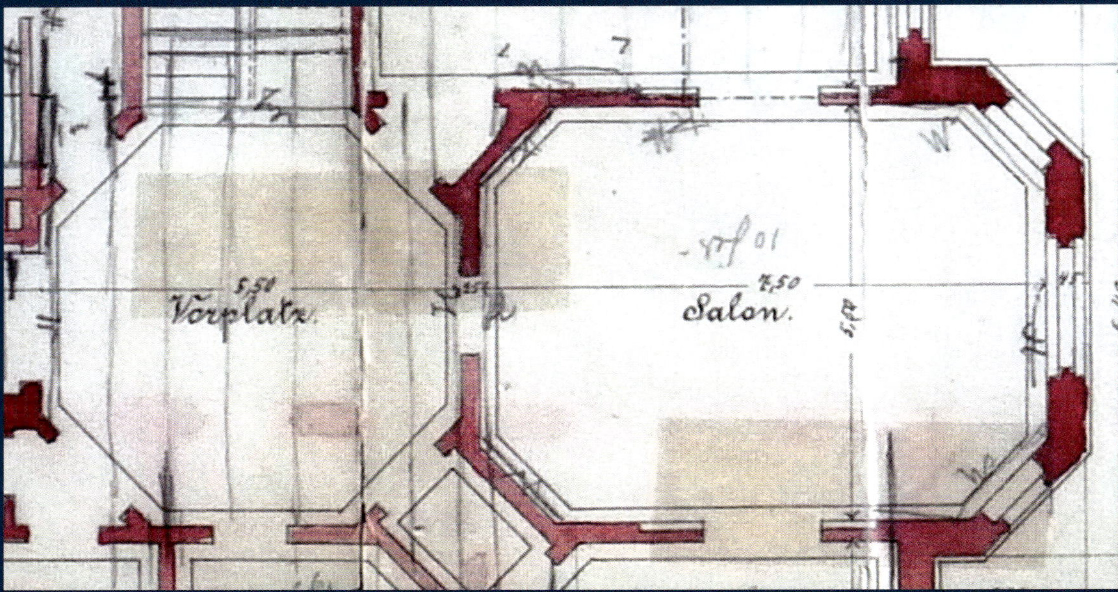

Die zentrierte Grundrissdisposition der Villa Gerloff mit dem oktogonalen Vestibül im Zentrum ist das besondere Merkmal dieses Hauses. Alle Räume sind um diesen »Vorplatz«, wie es in der Bauzeichnung heißt, angeordnet und gehen von diesem ab. Gegenüber dem Eingang in den »Vorplatz« wurde der Salon angeordnet, dessen Fenster im sich zu einem Erker öffnenden Raum nach Norden orientiert sind. Der Deckenspiegel dieses Repräsentationsraumes wurde besonders aufwändig und künstlerisch hochwertig gestaltet. Er wird von plastisch herausgearbeiteten figürlichen, ornamentalen und floralen Darstellungen eingerahmt. Im Zentrum jeder Seite blickt ein Putto in den Raum hinab. Auf der vollflächig und virtuos in kräftigen Tönen souverän mit sicherer Pinselführung bemalten Raumdecke finden sich ganz im Geiste des Historismus allegorische und symbolhafte Szenen, Putti, Fabelwesen und anderes mehr. Der ehemalige Salon dient heute der STIFTUNG NORD LB * ÖFFENTLICHE als Sekretariat.

Grundriss Erdgeschoss, Ausschnitt Diele und Salon

Erdgeschoss, ehemaliger Salon mit Erker und aufwändig gestaltetem Deckenspiegel

Erdgeschoss, ehemaliger Salon,
malerisch und plastisch gestaltete Raumdecke

Erdgeschoss, ehemaliger Salon, Details der Deckenmalerei und des Stucks

Während nach Osten das Wohnzimmer anschließt, das ehemals ebenfalls stuckiert, aber weniger üppig farbig gefasst war als der Salon, und an dieses nach Süden das Zimmer des Herren, dessen Zimmerdecke als Holzimitation gefasst war, folgt nach Westen das an den Wänden mit reich geschnitztem, kassettiertem, hölzernem Täfelwerk eingefasste Speisezimmer mit Veranda, dessen vier Türen besonders üppig gestaltet wurden. Die zum Salon führende große Doppelflügeltür besitzt eine besonders aufwändige hölzerne Rahmung, die nach oben von zwei Karyatiden ähnlichen Figuren, die ein kräftiges Gebälk tragen, bekrönt wird. Das Speisezimmer geht auf voller Breite in die von gusseisernen Stützen eingefasste Veranda über. Beide Raumteile besitzen eine reich gegliederte, hölzerne Kassettendecke in vielfach wechselnden Formen und Motiven. Der Saal dient allen Stiftungen des Hauses als Sitzungs- und Besprechungssaal.

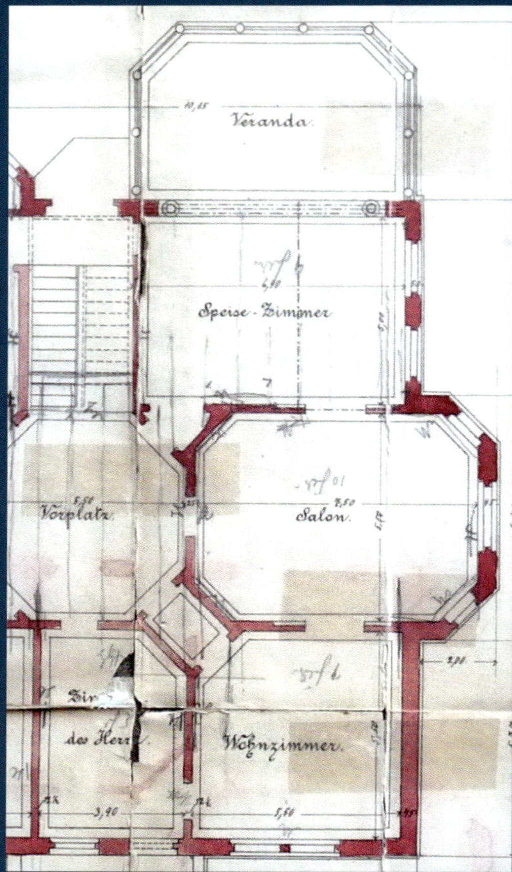

Grundriss Erdgeschoss, Ausschnitt Diele mit Herrenzimmer, Wohnzimmer, Salon, Speisezimmer und Veranda

Erdgeschoss, ehemaliges Wohnzimmer

Erdgeschoss, ehemaliges Herrenzimmer

Erdgeschoss, ehemaliges Speisezimmer mit Veranda nach Osten

Erdgeschoss, ehemaliges Speisezimmer mit Veranda nach Westen

Erdgeschoss, ehemaliges Speisezimmer, Flügeltür zum Salon

Erdgeschoss, ehemaliges Speisezimmer, Türen zu Diele und Treppenhaus

Erdgeschoss, ehemaliges Speisezimmer, Details der Flügeltür

Erdgeschoss, ehemaliges Speisezimmer, Dekorationsdetails

Erdgeschoss, ehemaliges Speisezimmer, Deckendetails

Veranda mit gusseisernen Säulen von außen

Veranda von außen, Kapitell

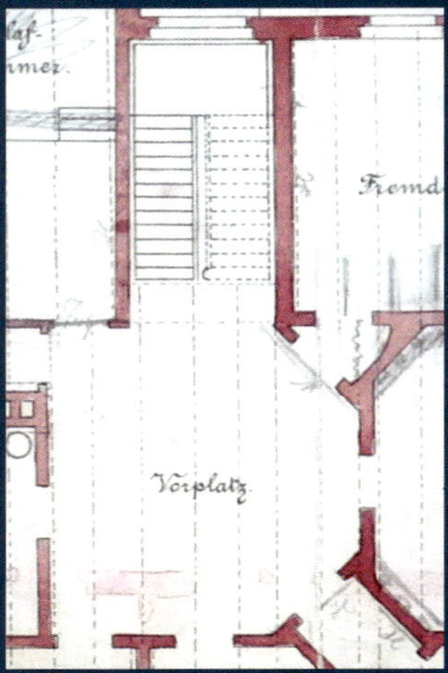

Im sich außen als Bel Etage zeigenden Obergeschoss der Villa Gerloff befinden sich entgegen dem äußeren Schein keine Repräsentationsräume mehr, sondern die Privaträume der Familie: Schlafzimmer, Kinder-Schlafzimmer Fremdenzimmer und das geräumige Bad. Den ersten Entwurf des Hauses, der im privaten Obergeschoss die Diele zunächst nicht wie im Erdgeschoss oktogonal vorsah, änderte Ludwig Winter noch entsprechend. Heute befinden sich hier und im ausgebauten Dachgeschoss die Räume der Stiftung Braunschweigischer Kulturbesitz.

Als Fazit ist festzustellen, dass nicht nur bei dem in nobler Eleganz gestalteten Außenbau, sondern auch bei der Innendisposition des Hauses die Bauten der italienischen Renaissance Pate gestanden hatten, allen voran die Bauten des italienischen Renaissancearchitekten Andrea Palladio mit ihren Zentraldispositionen, wie zum Beispiel die berühmte Villa »La Rotonda« im norditalienischen Vicenza. Insbesondere auch in der Architektur des Gebäudeinneren offenbart sich der hohe gestalterische Anspruch des Louis Gerloff, dem Ludwig Winter in meisterhafter Souveränität entsprach.

Grundriss Obergeschoss, Ausschnitt Diele

Obergeschoss, oktogonale Diele

Obergeschoss, oktogonale Diele mit Treppenhaus

In der Grundrissdarstellung des Gebäudes fällt auf, dass nur ein einziger dreizügiger Kamin eingeplant war und nicht, wie im ausgehenden 19. Jahrhundert noch üblich, mehrere Kamine, an welche alle Öfen des Hauses angeschlossen waren. Auch hier hat Louis Gerloff für Braunschweig neue Maßstäbe gesetzt, da er die erste Zentralheizung der Stadt in ein Wohnhaus einbauen ließ. Im unteren der beiden Kellergeschosse war von außen anfahrbar, ein Raum für das Brennmaterial angelegt, an den ohne Trennwand der zentrale Heizraum anschloss. Von dort aus wurden alle Heizkörper des Hauses versorgt. Küche und Bad, also die Räume, in denen Kochherd und Badeofen zu betreiben waren, wurden so angeordnet, dass sie Anschluss an diesen einzigen Kamin des Hauses besaßen. In der zeichnerischen Darstellung des Kellers zeigt sich die für den Historismus typische Deckenkonstruktion der Preußischen Kappe – zwischen Stahlträgern eingesetzte Tonnensegmente aus Backstein.

Grundriss I. Kellergeschoss, Heizraum und Raum für Brennmaterial

I. Kellergeschoss, Kohlenschütte zum Brennmaterialraum von außen

Grundriss II. Kellergeschoss, oktogonale Diele

II. Kellergeschoss, oktogonale Diele

II. Kellergeschoss, Treppe zum Erdgeschoss

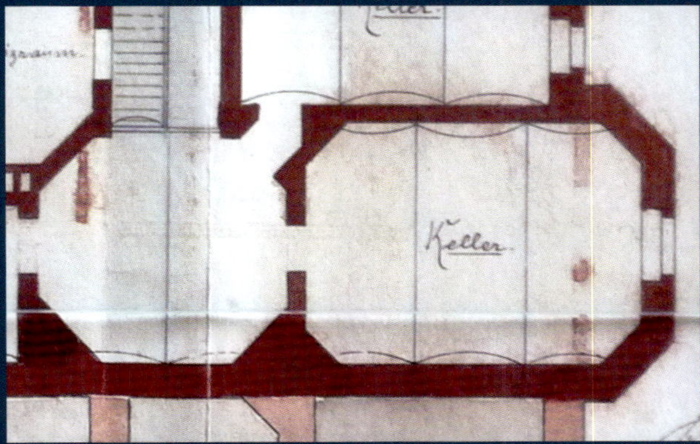

Grundriss I. Kellergeschoss, Kellerraum mit eingebautem Tresor

I. Kellergeschoss, Tresortüren aus Stahl mit Holzimitationsmalerei

Die ruhige Entwicklung, die die Villa Gerloff unter Hinzufügung einiger Anbauten auf der Gebäuderückseite in den fünf Jahrzehnten nach ihrer Errichtung erlebte, endete in den Wirren des Zweiten Weltkrieges, wobei die Beschädigungen des Hauses durch Fliegerbomben angesichts der unbeschreiblichen Zerstörungen der Stadt Braunschweig vergleichsweise gering ausfielen und vor allem reparabel waren. Nach notdürftigen Reparaturen wurde das von den Alliierten beschlagnahmte Haus nach Kriegsende für etwa ein Jahr als Kaserne für ca. 150 englische und amerikanische Soldaten benutzt, was für die Substanz des herrschaftlichen Gebäudes nicht gerade zuträglich war.

Kaum noch angemessen genutzt, beabsichtigten die Eigentümer im Jahr 1970 das Gebäude abzureißen, um anstelle der Villa drei Gebäude mit Terrassengeschoss für Komfortwohnungen zu errichten. Diese Absicht wurde von der Stadt Braunschweig aus planungsrechtlichen Gründen negativ beschieden.

Ebenso nicht zur Realisierung kam drei Jahre später der Versuch, die Villa Gerloff als Wohnheim für Ausländer zu nutzen. In dem Angebotsschreiben an die Stadt Braunschweig heißt es: »Zum Frühjahr 1973 stehen in der Innenstadt – in allerbester und absolut ruhiger Wohnlage Löwenwall 16 – ca. 1000 qm Wohnfläche, d. h., 80 Betten für Ausländer zur Verfügung. Das Wohnhaus hat ca. 30 Zimmer, Zentralheizung, zum großen Teil Doppelfenster, einige getäfelte Räume usw. Das parkähnliche Gartengelände von ca. 3.000 qm kann zum großen Teil auch als Abstellplätze für Autos benutzt werden.«

Villa Gerloff im Vorkriegszustand mit Balkonanbauten

Planungen im Jahr 1970 für drei Terrassenhäuser bei Abriss der Villa Gerloff

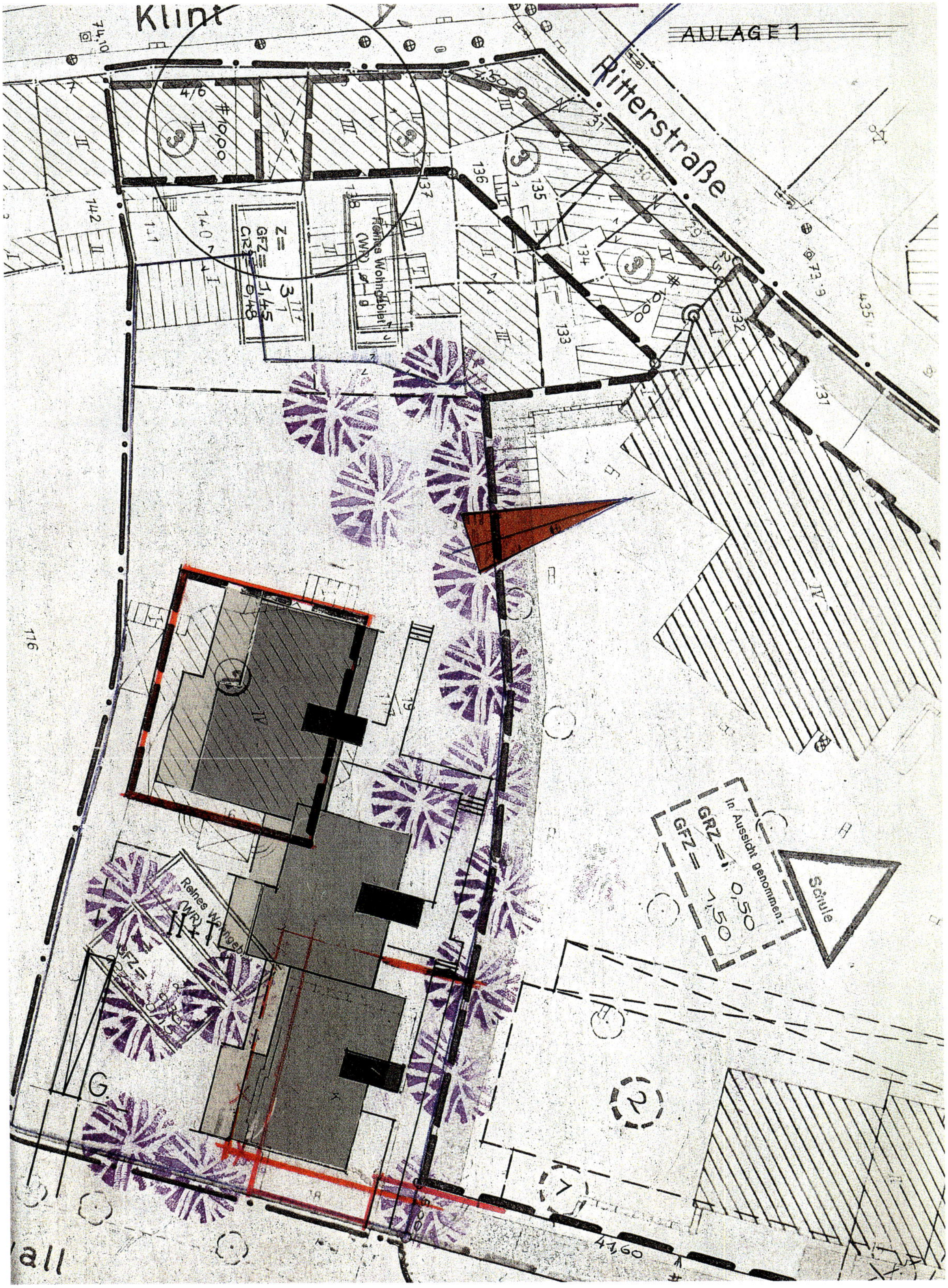
Klint
ANLAGE 1
Ritterstraße
Reines Wohngebiet (WR)
Z= 3
GFZ= 1,45
GRZ= 0,48
in Aussicht genommen:
GRZ = 0,50
GFZ = 1,50
Schule
all

Der bauliche Zustand des Gebäudes, insbesondere des Gebäudeinneren, hatte erheblich gelitten, so dass die Stadt Braunschweig im Jahr 1976 ihr Vorkaufsrecht geltend machte und Gebäude und Grundstück erwarb, um es für die Zukunft zu sichern. Nach umfangreichen Sanierungsmaßnahmen, die das Gebäude substanziell sicherten, dabei aber auch leichte Grundrissänderungen nötig machten – ein neues Treppenhaus wurde aus Brandschutzgründen anstelle des alten Durchgangs mit seiner stattlichen, doppelflügeligen Tür und des darüber liegenden Bades eingebaut –, wurde die Villa Gerloff in den Jahren von 1983 bis 2003 durch die Formensammlung des Städtischen Museums und einen Teil der städtischen Musikschule genutzt.

Formsammlung des Städtischen Museums in der Villa Gerloff

Im Jahr 2004 erwarb die Stiftung Braunschweigischer Kulturbesitz die Villa Gerloff, um darin das Haus der Braunschweigischen Stiftungen einzurichten und dieses so für die Zukunft zu bewahren. Vor dem Einzug Ende 2005 war jedoch eine umfassende Sanierung erforderlich, die neben der Sicherung der Bausubstanz, dem Ausbau von Dach- und Kellergeschoss und der infrastrukturellen Herrichtung des Gebäudes für die neue Nutzung auch die baukünstlerischen Qualitäten des Gebäudes in den Blick nahm, die durch den Zweiten Weltkrieg und noch mehr in den Jahrzehnten danach arg gelitten hatten.

Zuvor musste jedoch auch die **Fassade** einer umfassenden Sanierung und Restaurierung unterzogen werden, da sich ihr Zustand in vielen Bereichen insbesondere durch Feuchtigkeitseinwirkungen stark verschlechtert hatte. Zahlreiche Natursteinkonsolen des unter dem Dach umlaufenden Kranzgesimses waren in einem besorgniserregenden Zustand und drohten herunterzufallen. Die großen Substanzschäden, wie Abplatzungen und Rissbildungen, die das Bild der Fassade in vielen Bereichen prägten, waren in ihrem wahren Ausmaß erst vom Gerüst aus zu erkennen. Eindringende Feuchtigkeit war, wie bei vielen historischen Bauwerken, Hauptschadensursache. Risse waren bei oberflächlichen Fassadenarbeiten der jüngeren Vergangenheit vielfach nicht fachmännisch geschlossen worden, sondern einfach, mit zudem für Stein und Putz schädlichen, diffusionsunfähigen Farbmaterialien überstrichen worden. Vor der Beseitigung der Substanzschäden wurde auch die Fassade einer restauratorischen Befunderhebung unterzogen.

Diese Untersuchungen ergaben, dass das Gebäude, das im Laufe der Zeit vielfach überstrichen worden war, mit einem in Sandsteinfarbe durchgefärbten Putz errichtet worden war. Diese originale, von Ludwig Winter festgelegte Farbfassung wurde wieder hergestellt.

Bauschäden am Kranzgesims, 2005

Bauschäden am Geschossgesims, 2005

Hauptfassade
vor der Sanierung, 2005

Hauptfassade, restauratorische
Farbuntersuchung, 2005

Hauptfassade
nach der Sanierung, 2009

Durch wenige reversible Grundrissverbesserungen, die auf den Gestaltwert des bedeutenden Bauwerkes keinen Einfluss hatten, konnte das Gebäude optimal für seine neue Funktion nutzbar gemacht werden. Dabei galt es auch eine Lösung zu finden, um das Gebäude behindertengerecht zu gestalten. Ohne weitere Eingriffe in die originale Bausubstanz konnte ein Fahrstuhl in das neue Treppenhaus eingebaut werden.

Nachdem eine Vielzahl von »Bausünden« aus den letzten Jahrzehnten, die die Gestaltqualitäten der Villa Gerloff überdeckten, beseitigt worden waren, wurden Fassade, Innenwände und Decken restauratorisch auf ihre für den Historismus üblichen Dekorationssysteme untersucht, die sich erfahrungsgemäß in manchen Fällen unter jüngeren Anstrichen noch erhalten haben. Untersucht wurden im Gebäudeinnern alle Repräsentationsräume des Erdgeschosses und stichprobenmäßig einige ausgewählte Räume des Obergeschosses. Aus den Untersuchungsergebnissen wurde das Restaurierungskonzept entwickelt.

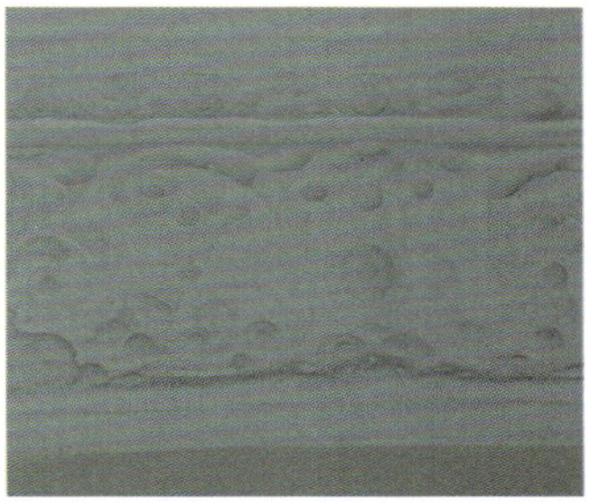

Die restauratorischen Untersuchungen ergaben, dass in allen Räumen die nicht vertäfelten Partien der Wände grundsätzlich keinerlei Spuren der einstigen Wanddekoration mehr besaßen, die Grundlage für eine Neufassung hätten sein können. An den Zimmerdecken stellte sich die Situation günstiger dar, da sich dort Dekorationssysteme zum Teil fragmentarisch, teilweise aber auch komplett erhalten hatten.

Restaurator bei der Freilegung des zugeschmierten Stucks, 2005

Durch übereinanderliegende Dispersionsfarbschichten konturloser Stuck, 2005

Freigelegtes Stuckprofil zur Bestimmung des Restaurierungszieles, 2005

Die in vielen Räumen vorhandenen Stuckprofile waren im Laufe der Zeit so häufig mit den unterschiedlichsten Farbsystemen, darunter oft auch Dispersionsfarben, regelrecht zugeschmiert worden, dass ihre Konturen nicht mehr lesbar waren. Im Mikrodampfstrahlverfahren konnten diese Farbschichten jedoch beseitigt und die darunter liegenden originalen Stuckprofile schonend freigelegt werden. Entsprechend dem restauratorischen Konzept erhielten die wieder herausgearbeiteten Profile keine neue Farbfassung, sondern verblieben mit ihrer Patina im freigelegten Zustand. Lediglich kleinere Retuschen wurden nach partiell eingesetzten Kittungen zur optischen Beruhigung durchgeführt.

Zur Gestaltung von Wänden und Decken wurde aus den Farbtönen der freigelegten Stuckprofile ein neuer Farbton ausgemischt, der im gesamten Haus zur Anwendung kam. Ziel war, zwischen dem freigelegten Stuck und den farbig neu zu fassenden Wand- und Deckenflächen eine gestalterische Symbiose herzustellen.

Die den historistischen Duktus des Hauses störenden Teppichböden, die auf einer neu eingebauten Spanplattenunterkonstruktion, der die ehemaligen Holzböden weichen mussten, verlegt worden waren, wurden im Erd- und im Obergeschoss vollständig entfernt. Um dem Charakter des großbürgerlichen Wohn- und Repräsentationsbaus wieder gerecht zu werden, wurden die Böden erneut mit Eichenparkett ausgelegt und dabei ein einfacher, aber für das 19. Jahrhundert typischer Musterverband zur Erzielung eines ruhigen und homogenen Bodenbildes gewählt.

Eichenparkett nach historischem Vorbild

Aus der historischen Befundlage entwickelte Wandfarbigkeit für das ganze Haus

Im Folgenden noch einige Anmerkungen zu besonderen Befundsituationen und speziellen Restaurierungslösungen. Der überkommene Zustand der **Diele**, als dem zentralen und damit repräsentativsten Empfangsraum des Hauses mit schmuddeligem Teppichboden, der kalkigen Wand über den Paneelen und dem zugeschmierten Stuck, der durch die willkürlichen Goldfassungen der floralen und einiger ornamentaler Elemente eher billig als kostbar wirkte, war für das bedeutende Gebäude völlig unangemessen. Die dicken Dispersionsfarbschichten inklusive der farbigen Übermalungen wurden vom umlaufenden Stuckfries und von der Mittelrosette abgenommen und dabei auch der Deckenspiegel auf sein ehemaliges Dekorationssystem untersucht. Befund war jedoch nur eine fragmentarisch erhaltene bräunliche Farbnuancierung der Erstfassung, die eine Wiederherstellung, auch in vereinfachter Form, nicht zuließ.

Erdgeschoss, oktogonale Diele, vor der Restaurierung, 2005

Erdgeschoss, oktogonale Diele, nach der Restaurierung, 2009

Erdgeschoss, oktogonale Diele,
Stuckrosette vor der Restaurierung, 2005

Erdgeschoss, oktogonale Diele,
Stuckrosette nach der Restaurierung, 2009

Der ehemalige **Salon** mit seiner kalkigen Wand, die keinerlei Farbbefunde erbrachten und der Raumdecke, deren filigrane Stuckprofile ebenso monochrom zugestrichen waren, wie überall im Haus, vermittelte in diesem Zustand nur noch eine schwache Ahnung, als ehemals repräsentativster Wohnraum der Villa. Die restauratorische Untersuchung führte jedoch zu einem, als absoluten Glücksfall zu bezeichnenden Ergebnis, denn unter den monochromen Farbschichten war die originale Deckenausmalung, die auf Veranlassung von Louis Gerloff eingebracht wurde, noch vollständig vorhanden. Die in der für die Entstehungszeit üblichen Casein-Wachstechnik erstellte Medaillonmalerei mit ihren ornamentalen, floralen und figürlichen Darstellungen, ist aufgrund ihres Erhaltungszustandes und ihrer hohen künstlerischen Qualität von überregionaler Bedeutung. Auch der den Deckenspiegel einrahmende und die Decke gliedernde Stuck mit seinen floralen und vor allem figürlichen Darstellungen besitzt neben seiner hohen Qualität bereits großen Seltenheitswert.

Ehemaliger Salon, die Raumdecke vor ihrer Restaurierung, 2005

Ehemaliger Salon, die Raumdecke nach ihrer Restaurierung, 2009

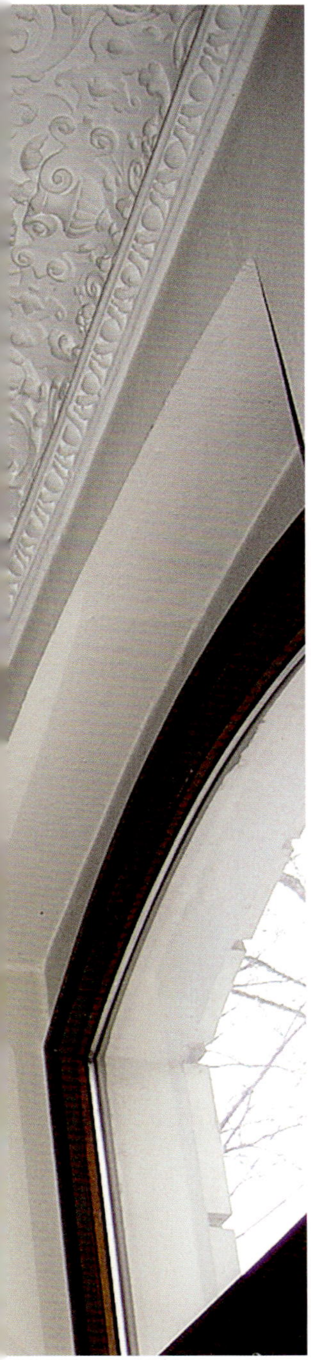

Das ehemalige **Speisezimmer** und die anschließende **Veranda**, die heute als Sitzungs- und als Veranstaltungssaal genutzt werden, waren auf fast allen hölzernen Ausstattungselementen, so auch auf der kassettierten »Stuckdecke« aus Holzprofilen, mit einem dunkel pigmentierten, stark glänzenden Überzug lackiert worden. Die Kassettierenden waren mit Spanplatten kaschiert worden. Die partielle Öffnung der Deckenfelder zeigte, dass sich darunter die originale Farbfassung in dunklem Braun mit Begleitstrich erhalten hatte. War die Beseitigung der Spanplatten-Aufdoppelungen zwar noch nicht möglich, so gelang die Rückführung der dunkelbraunen, glänzenden Lackierungen der Profile auf die originale Farbgebung durch eine dem Original entsprechende Überfassung in einer matten Holzlasurtechnik im Duktus der Paneeloberflächen.

Im ehemaligen **Wohnzimmer** hatten sich zwar Teile der ornamentalen Deckenausmalung in bräunlichen Farbnuancierungen fragmentarisch erhalten, doch war es technisch unmöglich, die Malschichten freizulegen. So blieb es auch hier bei der Freilegung der stark mit Dispersionsfarben überstrichenen Stuckprofile – als Muster für alle Stuckprofile des Hauses.

An der Decke des ehemaligen **Herrenzimmers** konnte unter den monochromen Farbschichten eine ornamentierte Holzimitationsfassung auf Caseinbasis in bräunlichen Farbnuancierungen entdeckt werden. Nach Abnahme sämtlicher monochromer Dispersionsanstriche an den Stuckprofilen wurde in der Südostecke des Raumes zu Demonstrationszwecken ein Teil der Deckenfassung freigelegt und lediglich einige Ergänzungen und Retuschen der optisch herausfallenden Fehlstellen mit Gouachefarben durchgeführt. Um den neuen Haupteingang für das Haus der Braunschweigischen Stiftungen vom Obergarten her, für Besucher klar erkennbar, an der optisch bedeutsamsten Stelle des Gebäudes, im Zentrum der Hauptfassade unter der gusseisernen Veranda anlegen zu können, wurde der ehemalige Zugang zur Veranda wieder geöffnet.

Ehemaliges Speisezimmer, die Raumdecke vor ihrer Restaurierung, 2005

Ehemaliges Speisezimmer, die Raumdecke nach ihrer Restaurierung, 2009

Ehemaliges Wohnzimmer, restauratorische Farbbefunde an der Raumdecke, 2005

Ehemaliges Herrenzimmer, restauratorische Farbbefunde an der Raumdecke, 2005

Ehemaliges Herrenzimmer, Blick zum Obergarten, 2009

(folgende Doppelseite) Ehemaliges Herrenzimmer, exemplarisch wiederhergestelltes Deckenfeld mit Holzimitationsmalerei

DER GARTEN

Der Gerloffsche Garten
1889–1945

Ein mit dem Anwesen Gerloff in Verbindung stehender Gartenplan konnte nicht recherchiert werden. Insofern gibt die von Chr. Wicker erstellte Karte mit den Abbildungen der um 1865 vorhandenen Gartenstrukturen einen wichtigen Hinweis.

Die unten abgebildete synoptische Karte verdeutlicht jedoch, dass mit der Erstellung der Villa Gerloff vermutlich eben jene Strukturen stark beeinträchtigt bzw. zerstört worden sein dürften.

Dahingegen sind Abbildungen, Fotos und Karten von Gartenplanungen zu unmittelbar angrenzenden privaten und öffentlichen Grundstücken erhalten, die der gleichen Entstehungszeit zugerechnet werden und insofern weitere Anhaltspunkte zur Gestaltgebung des Gartens der Gerloffschen Villa liefern können. Eine Übernahme gestalterischer Gartenelemente in den eigenen bürgerlichen Garten war gängige Praxis und wurde außerdem durch entsprechende Publikationen wie Zeitschriften und Bücher zur Gartenkunst gefördert.

Nachfolgende Ausführungen zur Ausstattung des Gerloffschen Gartens beruhen auf zwei, mit den damaligen Bewohnern Frau Margret Gerhard (geb. Gerloff) und ihrem Sohn Jörn-Uwe Gerhard geführten Interviews. Herr Gerhard war darüber hinaus so freundlich, eine auf seinen und den Erinnerungen seiner Mutter basierende Skizze zu erstellen. Frau Gerhard bewohnte das Grundstück von 1912 bis 1937 sowie gemeinsam mit ihrem Sohn von 1962 bis 1976.

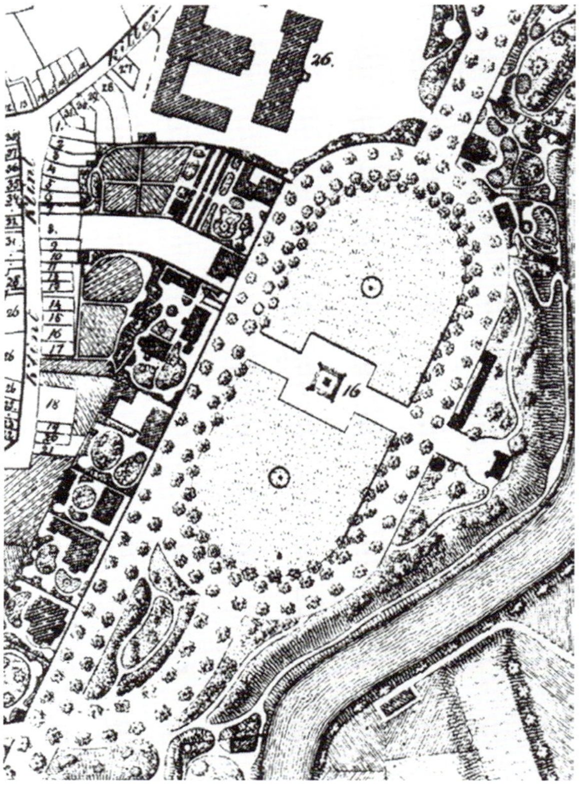

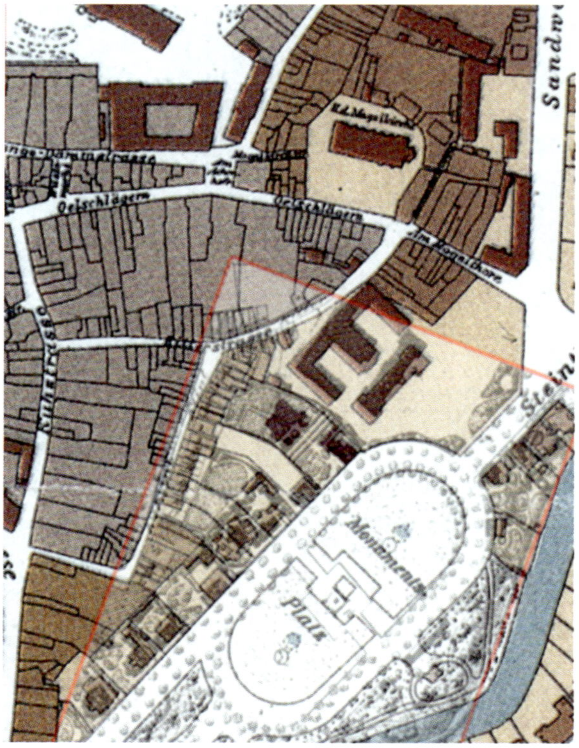

Löwenwall um 1865
Chr. Wicker: Situation Löwenwall, 1865

Synoptische Karte von 1865 & 1889
Die Überlagerung der beiden Karten zeigt die Lage der auf dem Anwesen Gerloff vorhandenen Gebäude in Bezug zur ursprünglichen Gartengestaltung vor dem Bau der Villa Gerloff

Löwenwall 1882
Brückenplanung Ottmerstraße – Löwenwall. Kol. Zeichnung (114,5 x 82,5 cm), Ausschnitt,
Unterzeichner: L. Winter, Dezember 1882

Lageplan Löwenwall 14
Zeichnung (18 x 18cm), 21.07.1900 Der Lageplan wurde angefertigt, als ein großes Wohnhaus errichtet wurde

Villa v. Voigtländer, ehem. Löwenwall 4

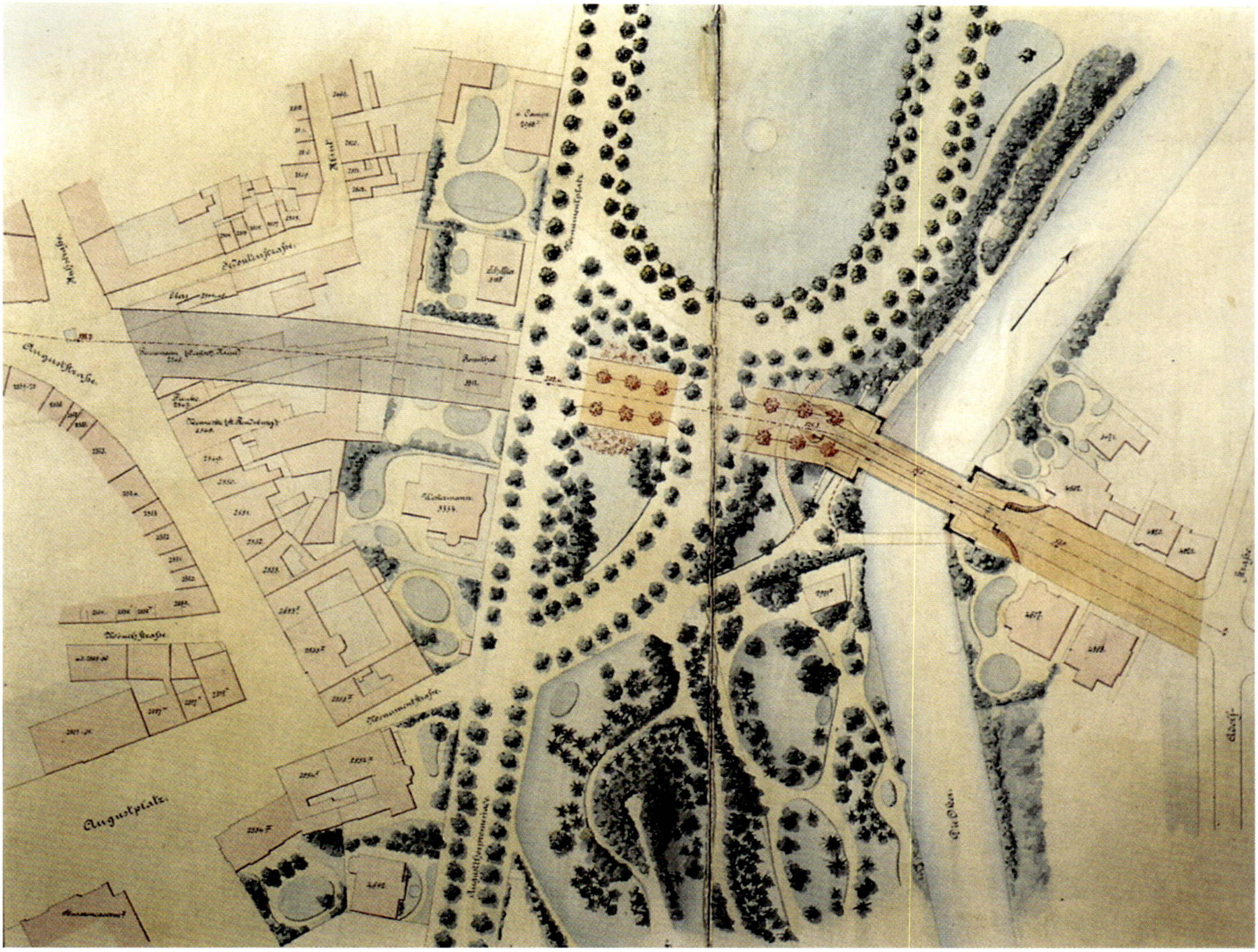
Augustplatz

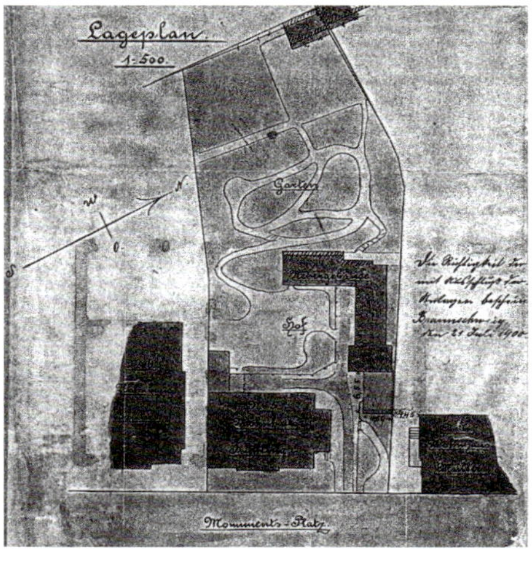
Lageplan
1:500
Garten
Hof
Monument-Platz

Der damals etwa 3.000 m² große Garten mit seinem leicht asymmetrischen Zuschnitt wurde durch Grundstückstausch im Laufe der Zeit in Lage und Größe mehrmals verändert.

Über die innere Ausstattung lassen sich erst für die Zeit nach 1900 Aussagen treffen, da Kartenmaterial zu diversen Umbauten ab ca. 1909 und interpretierfähige Fotos aus Familienalben ab ca. 1930 erhalten sind. Ein hufeisenförmiger, asphaltierter Weg führte demnach, wie aus nebenstehenden Familienfotos ersichtlich ist, von der Villa über den Hof zum Eingangstor neben dem sog. »Tantenhaus«.

Die für den damaligen Zeitgeschmack recht ungewöhnliche Materialwahl (Asphalt) für den hufeisenförmigen Rundweg des Gerloffschen Gartens als auch die verspielte Ornamentik des eisernen Gartenzaunes oder auch die gusseisernen Elemente der Veranda können in diesem Sinne als erste Hinweise des aufkommenden Jugendstil gewertet werden. Damit wäre der Gerloffsche Garten, kunsthistorisch als Vorreiter der Jugendstilbewegung zu betrachten.

Der heutige Gartenzaun und das Eingangstor sind der historischen Form weitestgehend nachempfunden. Die ursprüngliche Fassung ist aus den noch vorhandenen Konstruktionszeichnungen hervorragend abzulesen. Ob die nachträglich anzubringenden Ziereisen tatsächlich eingefügt worden sind, ist heute nicht mehr nachzuvollziehen.

Paul Gerloff & Gemahlin vor Löwenwall 18, um 1930

Margret & Joachim Gerloff vor Löwenwall 18, um 1930

Gerloffsches Anwesen um 1920
Blick vom Städtischen Museum nach Südwesten auf die Städtische Handwerkerschule und Löwenwall 18,
links, und das zurückliegende Gebäude Löwenwall 16, das Gerloffsche Anwesen. Foto, 1920

Ursprünglicher Baumbestand ist heute nicht mehr vorhanden. Überliefert ist die Existenz eines Kastanienbaums sowie eines die Höhe der Häuser überragenden, großen Birnenbaumes nordöstlich des Eingangsportals. Auf alten Fotos lassen sich weitere Obstbäume im sog. Untergarten verifizieren.
Die aus der Entstehungszeit des Gartens resultierende Blut-Buche sowie die alte Eibe, befanden sich auf dem damaligen Nachbargrundstück Löwenwall 15.

Der Garten der Gerloffs war für Familienfeste und den Besuch von Gästen für den Aufenthalt im Freien mit vielen Sitzgelegenheiten ausgestattet. Diese waren über das gesamte Grundstück verteilt, so dass für jede Jahreszeit und jede Tagesstunde ein angenehmes Plätzchen im Garten bereitstand. So befand sich westlich des Eingangsweges, unmittelbar an der Grundstücksgrenze zu Löwenwall 15, ein großer Grottensitzplatz. Hier traf sich die Familie zum Sonntagskaffee. Ein weiterer Grottensitzplatz ist im Hang an der nordöstlichen Ecke der Villa, im Bereich der Zufahrt zur Garage, nachgewiesen. An der nordwestlichen Grundstücksgrenze, vor dem heute nicht mehr existenten Stall und der späteren Garage, befand sich ein Steintisch mit einer Gartenbank.

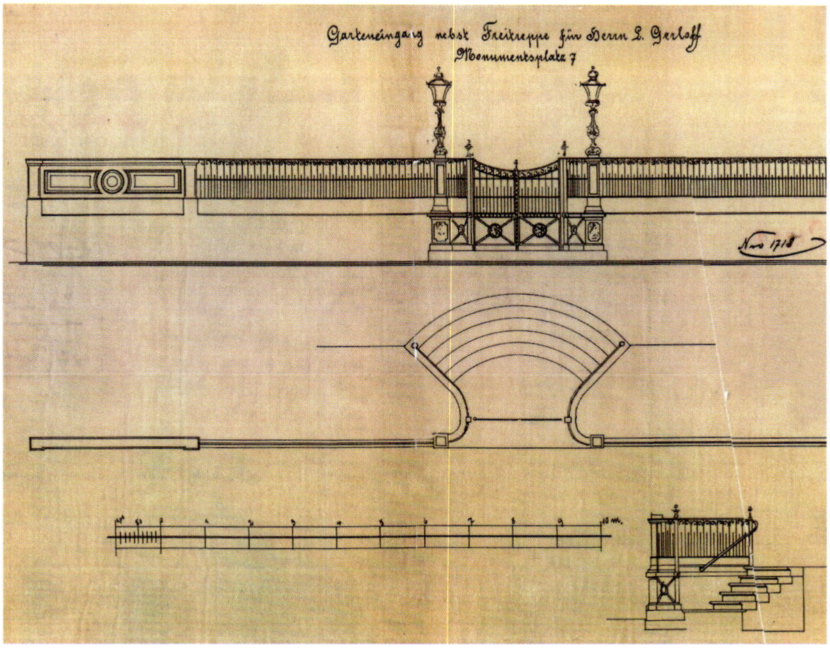

Garteneingang nebst Freitreppe
Originalzeichnung, Bauarchiv Stadt Braunschweig

Löwenwall 16, Ansicht mit Obstbäumen vom Untergarten

Die nordwestliche Grundstücksgrenze wurde 1909, gemäß nebenstehender Zeichnung, mit einem Holzspalierzaun abgeschlossen. In diesem war ebenso eine kleine Sitznische eingelassen. Ein Gartentor ermöglichte damals den direkten Zugang zum Klint. Der Zaun ist heute nicht mehr existent.

Nördlich des ehemaligen Gebäudes Löwenwall 18, direkt neben der Villa, befand sich ein großer Gartenpavillon, in der die ganze Familie an heißen Tagen Schatten suchen oder bei Regen im Trockenen sitzen konnte. Vorwiegend diente der Pavillon jedoch den zahlreichen Kindern als Spielplatz und Unterstellmöglichkeit für diverse Spielgeräte.

Der Standort des Pavillons ist auf einer Karte von 1938 verzeichnet und heute ebenso nicht mehr erhalten. Die Fundamente des Pavillons wurden im Zuge der 1982 erfolgten Umgestaltung freigelegt und abgetragen.

Eine dichte Strauchpflanzung am hufeisenförmigen Rundweg schirmte den Bereich zum westlichen Nachbargrundstück, Löwenwall 15, ab. Eine wegbegleitende Einfassung ist nicht nachgewiesen.

Auf der anderen Seite wurde die Seitenpartie des »Tantenhauses« (Löwenwall 18) von Beeten und einer halbhohen Hecke (wahrscheinlich Liguster) begleitet. Entlang der Eingangsfront befand sich ein Blumenbeet aus Rosen und Tulpen. Dazwischen spannte sich eine weitläufige Rasenfläche auf. Die Rasenfläche hatte keine sichtbare Abgrenzung zum Weg. Als Material für die Wegbefestigung jenseits des asphaltierten Rundweges ist vermutlich Kies verwendet worden.

Akzente auf dem Rasen setzte vor dem Eingangsbereich der Villa ein längliches Rosenbeet sowie eine weitere kreisrunde Pflanzung im unmittelbaren Vorbereich des Gartentores, mit heute nicht mehr eindeutig identifizierbaren, weiteren Stauden. Darüber hinaus wurde südlich des Eingangsportals eine Blumenecke aus verschiedenen Topfblumen eingerichtet.

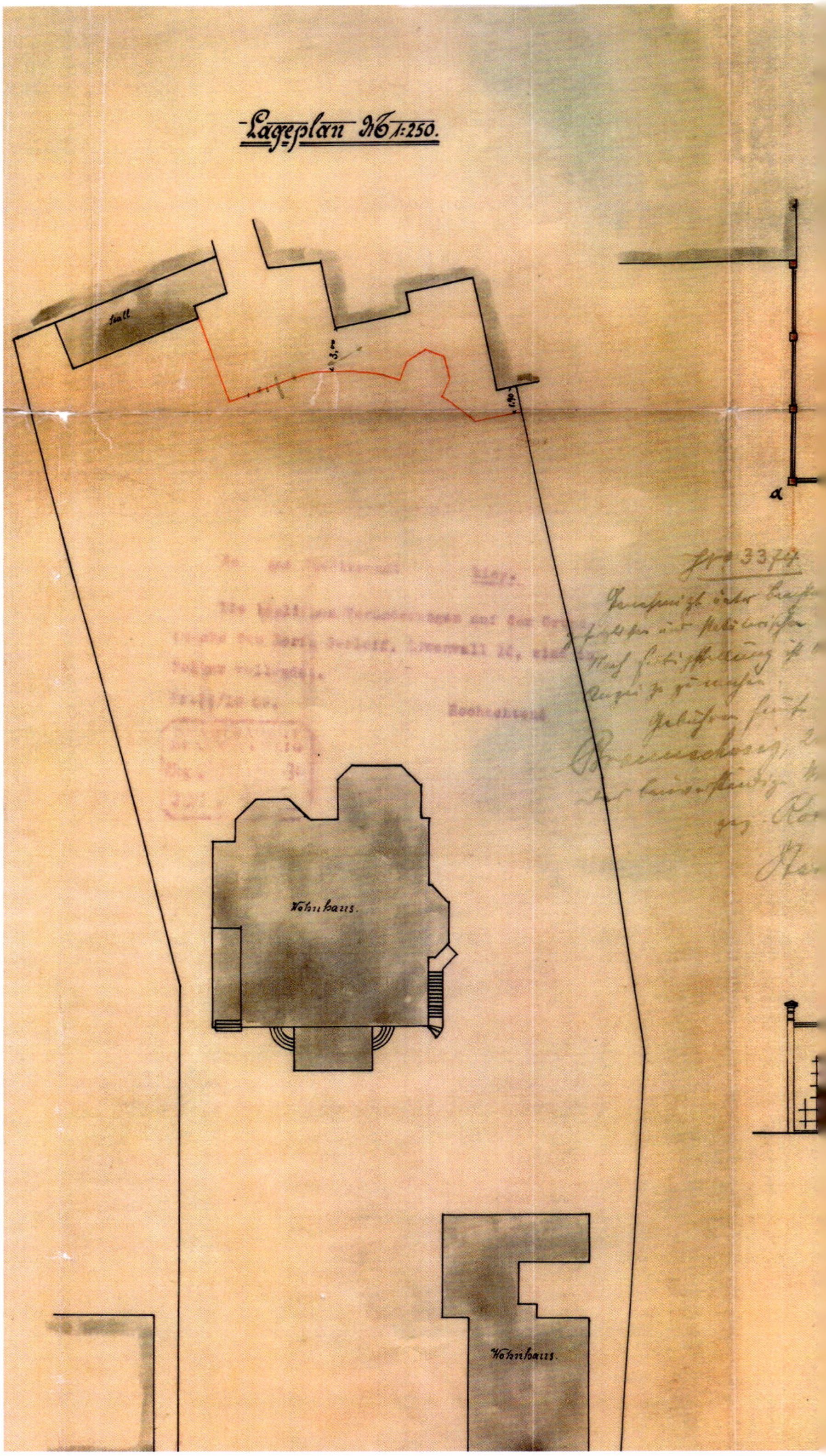

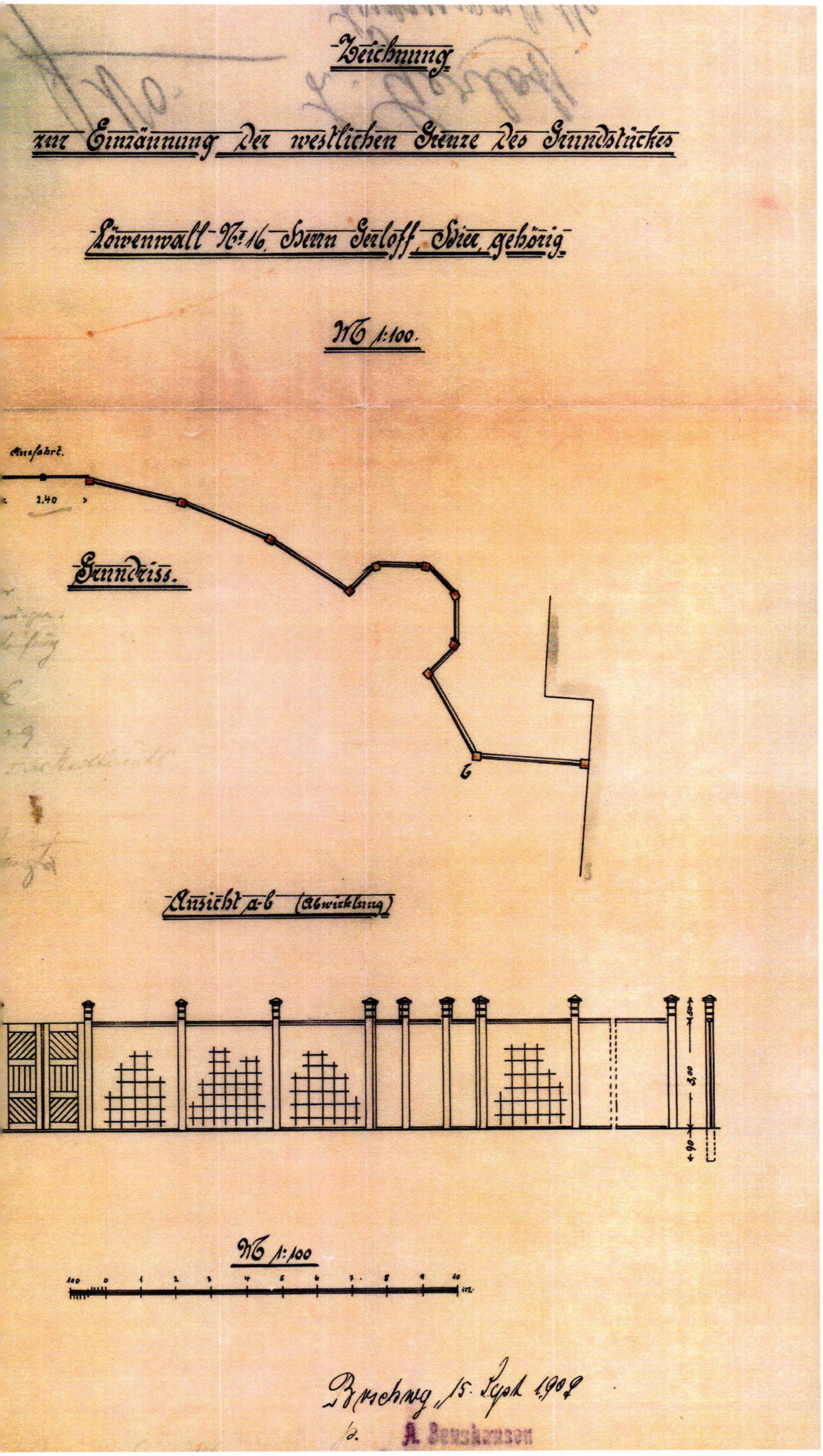

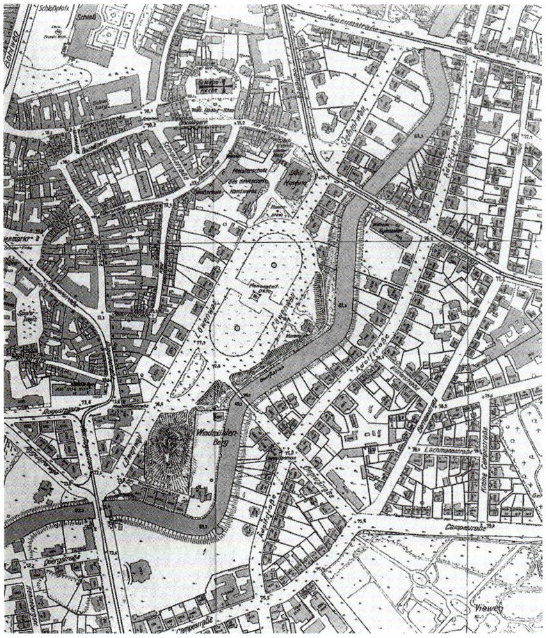

Eingrenzung Westseite um 1909
Originalzeichnung, Bauarchiv Stadt Braunschweig

Löwenwall 1938
Stadtplan (Ausschnitt), 1938

Blumenecke mit versch. Topfpflanzen vor Löwenwall 16

Der Gerloffsche Garten 1945–1976

Neben den baulichen Elementen im Garten war ein mit Goldfischen besetzter, kreisrunder Wasserpond, in dem eine kleine Wasserfontäne sprudelte, das eigentliche »Herzstück« des Gartens. Der Springbrunnen setzte sich vermutlich aus einem aufgemauerten Ring aus Kalksteinen für das Bassin zusammen. Begleitende Rabattpflanzungen sind nicht nachgewiesen.

Durch alliierte Luftangriffe wurden große Teile der Stadt im Zweiten Weltkrieg zerstört. Beim Hauptangriff auf Braunschweig am 14./15. Oktober 1944 wurde auch das Gebäude am Löwenwall 18 (Tantenhaus) von einer Brandbombe getroffen und brannte vollständig aus.

»Auch das Dach der Villa wurde von Brandbomben durchschlagen, obgleich es zum Schutz mit Eisenplatten belegt war. Während der feindlichen Luftangriffe im 2. Weltkrieg haben die Gerloffs und fast alle Bewohner das Haus nie verlassen, obgleich ein Bunker in unmittelbarer Nähe am Klint stand. Nach jedem Luftangriff wurde das Haus inspiziert und mehrfach warf Louis Gerloff persönlich die durchgeschlagenen Brandbomben aus dem Fenster und rettete es dadurch vor der Zerstörung durch Feuer.«*

* 100 Jahre Löwenwall 16 in Braunschweig, Erinnerungen von Argon-Helmut Gerloff, Stadtarchiv Braunschweig

In den Kriegs- und Nachkriegsjahren (1940er und 50er Jahre) bauten die Gerloffs wie so viele andere auch auf ihren einstigen Rasenflächen Kartoffeln an bzw. nutzten den Bereich als Ziegen und Schafsweide. Der innere Zierbereich um den Springbrunnen war davon jedoch nicht betroffen. Als diese Nutzung wieder aufgegeben werden konnte, sind die Flächen wieder mit Rasen eingesät worden.

Da es keine Nachweise für die Tätigkeit eines Gartenkünstlers gibt, kann die Gartengestaltung durchaus auch auf eigene Ideen der Eigentümer zurückgehen. Die Ausführung der Gartenarbeiten, wie Wegebau, Pflanzung, Bau des Springbrunnens, Aufbau von Grotten und des Pavillons, können in diesem Umfang jedoch nicht durch Privatinitiative entstanden sein. Hierfür ist sicher eine Gartenfachfirma beauftragt worden.

Die Grundstückseigentümerin, die Braunschweiger Lagerhausgesellschaft Gerloff & Co, vertreten durch Argon-Helmut Gerloff, geriet Ende der 60er Jahre in wirtschaftliche Schwierigkeiten und versuchte deshalb aus der exzellenten Lage des Grundstücks einen finanziellen Mehrwert zu generieren.

Im Februar 1970 wurde durch ein beauftragtes Architekturbüro eine Bauvoranfrage an das Bauamt gestellt: »Um im Rahmen der zulässigen Geschoßfläche eine neuzeitliche Bebauung mit Komfortwohnungen durchführen zu können, wird die in Anlage 1 beigefügte Bebauung vorgeschlagen. Anstelle des Steildaches soll ein Terrassengeschoß errichtet werden. Hierbei wird eine baukörperliche Angleichung an die benachbarte Turnhalle der Gauß-Schule erreicht.«

Das Ansinnen wurde seitens der Stadt jedoch negativ beurteilt und die Pläne, die auch einen Abriss der Villa beabsichtigten, zu den Akten gelegt. Drei Jahre später wurde der Stadt ein Angebot unterbreitet, Haus und Grundstück als Ausländerwohnheim zu nutzen, wobei »... das parkähnliche Grundstück von ca. 3.000 m² auch zum großen Teil als Abstellplätze für Autos benutzt werden könne.«

1976 kam es dann zum Verkauf des Gerloffschen Anwesens an die Stadt, die damit von ihrem Vorkaufsrecht Gebrauch machte.

Aug. Werth, Kunstdruck Braunschweig 1955,
Deutlich zu erkennen ist die hufeisenförmige Erschließung des Obergartens.

Luftaufnahme um 1960

Anlage zur Bauvoranfrage, Architekt Gerike, 09.02.1970

Anlage zur Stellungnahme des Stadtplanungsamtes, 12.06.1981, Bauarchiv Stadt Braunschweig
»Hinsichtlich der im Lageplan dargestellten Führung der Erschließung, bestehen erhebliche Zweifel an der Richtigkeit der Zeichnung. Die eingetragene Positionierung des Pavillons zumindest, entspricht nicht den Angaben des mit der Umgestaltung beauftragten Architekten, noch den Angaben der Vorbesitzer.«

Hans-Joachim Gerike
Architektur- und Baubüro
33 BRAUNSCHWEIG
Kupfertwete 9 · Telefon 2 35 50
Klint
Ritterstraße
Schule

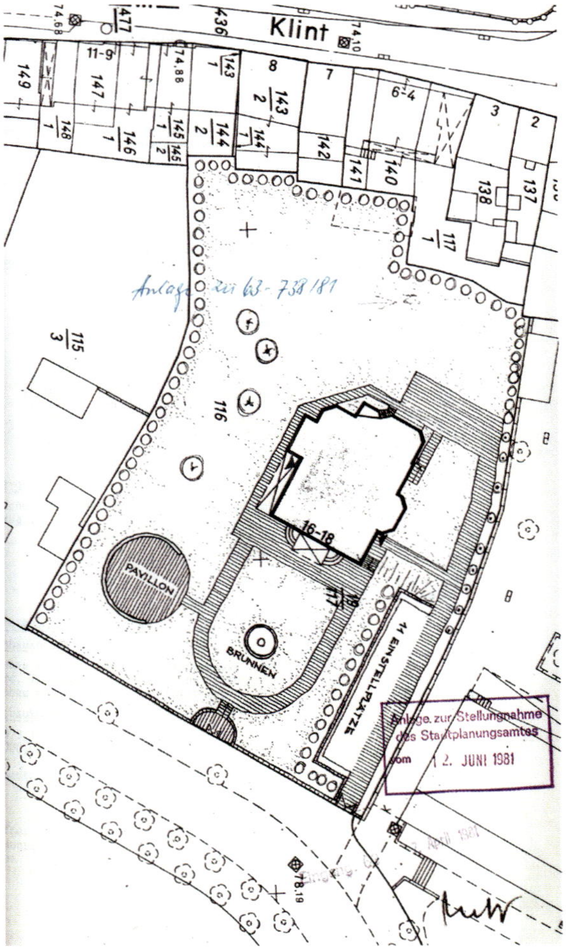
Klint
PAVILLON
BRUNNEN
14 EINSTELLPLÄTZE
16-18
Anlage zur Stellungnahme des Stadtplanungsamtes
vom 12. JUNI 1981

Der öffentliche Garten 1976–2004

Zunächst schien man eine Zeit lang nach einer sinnvollen Nutzung von Haus und Garten zu suchen. »Der Zustand des Hauses war erschreckend. Der Zahn der Zeit und die nicht gerade sorgfältigen Umbauten haben zu dem seinerzeitigen Zustand stark beigetragen. Die Gartenflächen waren verwildert. Das Gebäude machte einen bedenklichen Eindruck. Eine lange Zeit des Nachdenkens setzte ein und damit leider der weitere Verfall. Durch einen glücklichen Umstand ergab sich jedoch eine sinnvolle neue Nutzung des Hauses.

»Eine über den Raum Braunschweig hinaus bei Fachleuten weitbekannte Abteilung des Städtischen Museums – die Formensammlung – brauchte neue Räume. Gleichzeitig vergrößerte sich der Bedarf der Lehrplätze an der Städtischen Musikschule. Dieses geradezu symbolhafte Zusammentreffen der schönen Künste, der Musik als Klangform und einer Sammlung von Gefäßen und Geräten in schönen Formen, die einen ansprechenden Platz suchte, war die Initialzündung zum Entschluß, beide in einem Haus zu vereinen.« (Schneidewind, Frank, Die Villa am Löwenwall, in Deine Stadt, Heft 5, 1983, S. 7-8)

Das mit der Umgestaltung der Villa beauftragte Architekturbüro erstellte im Frühjahr 1982 einen Vorschlag zur Gestaltung der Außenflächen der Gerloffschen Villa.

Die leicht asymmetrisch orientierte Konzeption wurde im Entwurf der Architekten in formaler und zugleich freier landschaftlicher Form aufgegriffen. Diese soll sich als Fortsetzung des Wohnbereichs im Freien verstehen lassen und – dem Gebäude angepasst – südliche Heiterkeit ausstrahlen.

Der dem Haus vorgelagerte Gartenteil ist hierbei durch eine ruhige Wiesenfläche mit geschwungener Wegeführung gekennzeichnet, um die ca. 180 Jahre alte Blutbuche, aber auch die Figuren der Formensammlung zur Geltung kommen zu lassen. Zugleich ist dieser Gartenteil nach Westen geöffnet, was der Anlage insgesamt eine großzügigere Wirkung verleiht. In den abfallenden Hang sind frei schwingende Sitzelemente aus Beton-U-Steinen eingefügt, die eine Freilichtbühne für Konzerte und Veranstaltungen formen. Die nördliche, nicht frei zugängliche Grundstücksfläche, wurde durch Bodendecker und Gehölze großflächig abgepflanzt.

In der Folge wurde die weitere Planung vom Amt 67 des städtischen Grünflächenamtes übernommen. Die Konzeption des Architektenentwurfs wurde weitestgehend übernommen und weiterentwickelt. Allerdings fallen zwei entscheidende Unterschiede auf: Zum Einen wurde der Eingangsbereich, als Umsetzung der dekorativ gestalteten Fassade, in achsialer Ausrichtung mit einem Blumenrondell aus Sommerblumen und begleitenden säulenförmigen Eiben akzentuiert.

Zum Anderen sollten die vom Architekturbüro konzipierten freien Wiesenflächen, einer flächendeckenden Bepflanzung mit immergrünen Gehölzen und Bodendeckern weichen.

Vorentwurf Außenanlagen, 08.04.1982
Laskowski + Schneidewind Architekten BDA

Überarbeiteter Vorentwurf Außenanlagen, 21.05.1982
Stadtgarten- u. Friedhofsamt Stadt Braunschweig

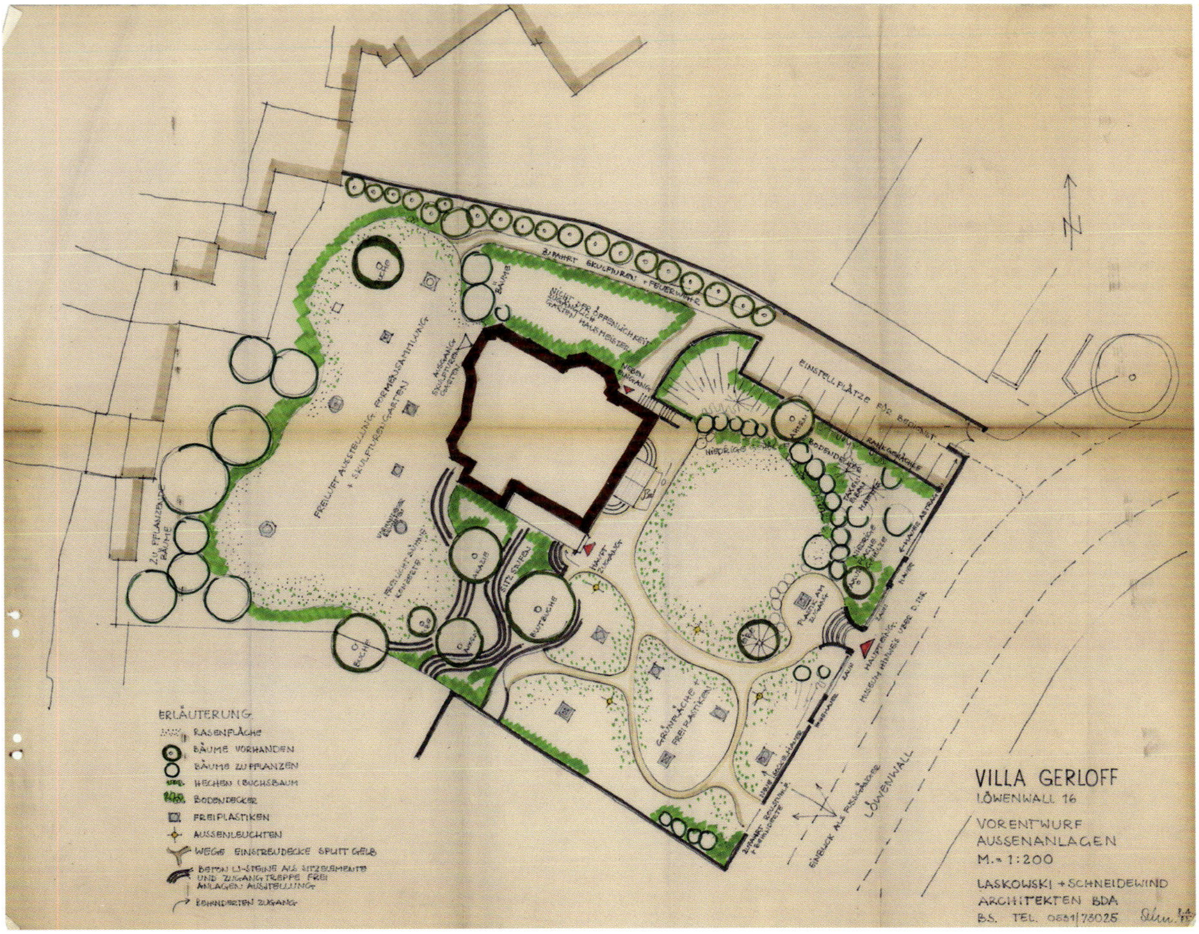
ERLÄUTERUNG
RASENFLÄCHE
BÄUME VORHANDEN
BÄUME ZU PFLANZEN
HECKEN (BUCHSBAUM
BODENDECKER
FREIPLASTIKEN
AUSSENLEUCHTEN
WEGE EINSTREUDECKE SPLITT GELB
BEHINDERTEN ZUGANG
VILLA GERLOFF
LÖWENWALL 16
VORENTWURF
AUSSENANLAGEN
M. = 1:200
LASKOWSKI + SCHNEIDEWIND
ARCHITEKTEN BDA
B.S. TEL. 0531/73025
EINSTELLPLÄTZE
LÖWENWALL
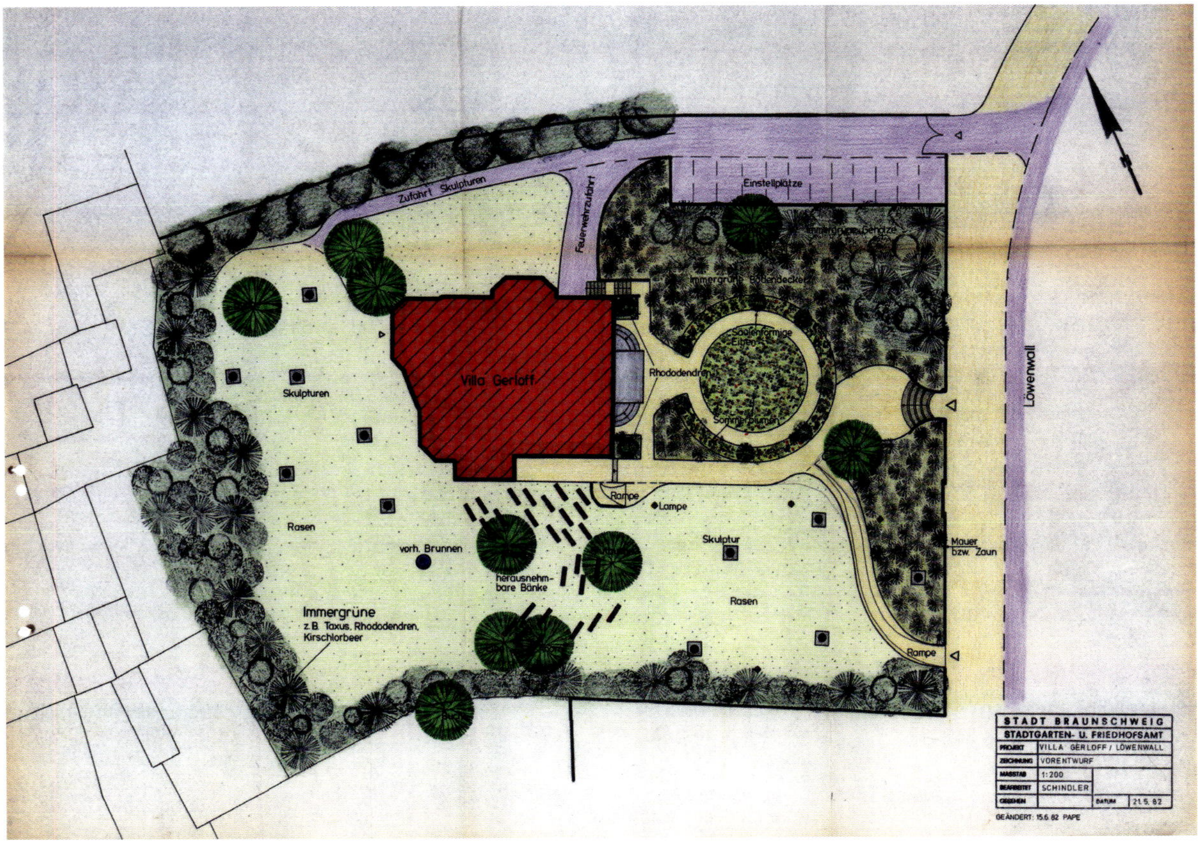
Zufahrt Skulpturen
Feuerwehrzufahrt
Einstellplätze
Villa Gerloff
Skulpturen
Rhododendron
Rampe
Lampe
Rasen
vorh. Brunnen
herausnehmbare Bänke
Skulptur
Rasen
Mauer bzw. Zaun
Rampe
Immergrüne
z.B. Taxus, Rhododendren, Kirschlorbeer
Löwenwall
STADT BRAUNSCHWEIG
STADTGARTEN- U. FRIEDHOFSAMT
PROJEKT VILLA GERLOFF / LÖWENWALL
ZEICHNUNG VORENTWURF
MASSTAB 1:200
BEARBEITET SCHINDLER
GESEHEN
DATUM 21.5.82
GEÄNDERT: 15.6.82 PAPE

Aus diversem Schriftwechsel geht hervor, dass hier die zu erwartenden höheren Pflegekosten einer Wiesenfläche, maßgeblich die Entwurfskonzeption beeinflusste, also dem Kostenaspekt geschuldet waren. Die geschwungenen Linien der Sitzelemente wurden ebenso in eine einfachere, statische Form überführt. Der im nördlichen Bereich angesiedelte Hausmeistergarten wurde in dieser Variante nicht weiterverfolgt.

Die Projektbudgetierung erlaubte im Haushaltsjahr 82 (80.000 DM) lediglich die Umsetzung des 1. Planungsabschnitts (Eingangsbereich/Vorgarten). Eine Planung für den rückwärtigen 2. Bauabschnitt südwestlich und nördlich der Villa sollte zu einem späterem Zeitpunkt erfolgen. Bei diesen Überlegungen ließ man sich davon leiten, dass die endgültige Nutzung der Villa mit der Landesausstellung 1985 zusammenfällt. Die Herrichtung des rückwärtigen Bereiches wurde demnach auf das Haushaltsjahr 83/84 verschoben.

Der Entwurf enthält gegenüber der vorangegangenen Version vom 21.05.1982 weitere Vereinfachungen. So wurde beispielsweise im Innenkreis des Blumenrondells zugunsten eines Rosenbeetes auf die Sommerblumen verzichtet (Pflegeaspekt). Darüber hinaus entfiel, einem eingehenden gestalterischen Diskurs mit dem beauftragten Architekturbüro geschuldet, die äußere Begleitung des Rondells mit säulenförmigen Eiben. Zudem wurden die immergrünen Bodendecker und Gehölzpflanzungen etwas zurückgedrängt, was der Geltung des Pflanzenrondells sehr entgegenkam.

Mit der Umsetzung der Planungsmaßnahme wurde Ende November 1982 begonnen. Aus dem Leistungsverzeichnis der landschaftsgärtnerischen Tiefbauarbeiten und dem erstellten Ausbauplan lassen sich die einzelnen Maßnahmen und der Materialeinsatz noch konkret nachvollziehen.

Der zur Villa führende Hauptweg sollte demnach mit Stiefmutterkies, der davon seitlich abgehende behindertengerechte Zuweg mit Diabas-Brechsand und der separierte, das Rondell umlaufende Weg schließlich mit Sieb-Kies belegt werden. Alles in allem wurde wohl beabsichtigt, die einzelnen Funktionen der Wegestruktur deutlich voneinander zu unterscheiden.

Entwurf Eingangsbereich, 12.10.1982
Stadtgarten- u. Friedhofsamt Stadt Braunschweig

Ausbauplan Eingangsbereich, 27.12.1982
Stadtgarten- u. Friedhofsamt Stadt Braunschweig

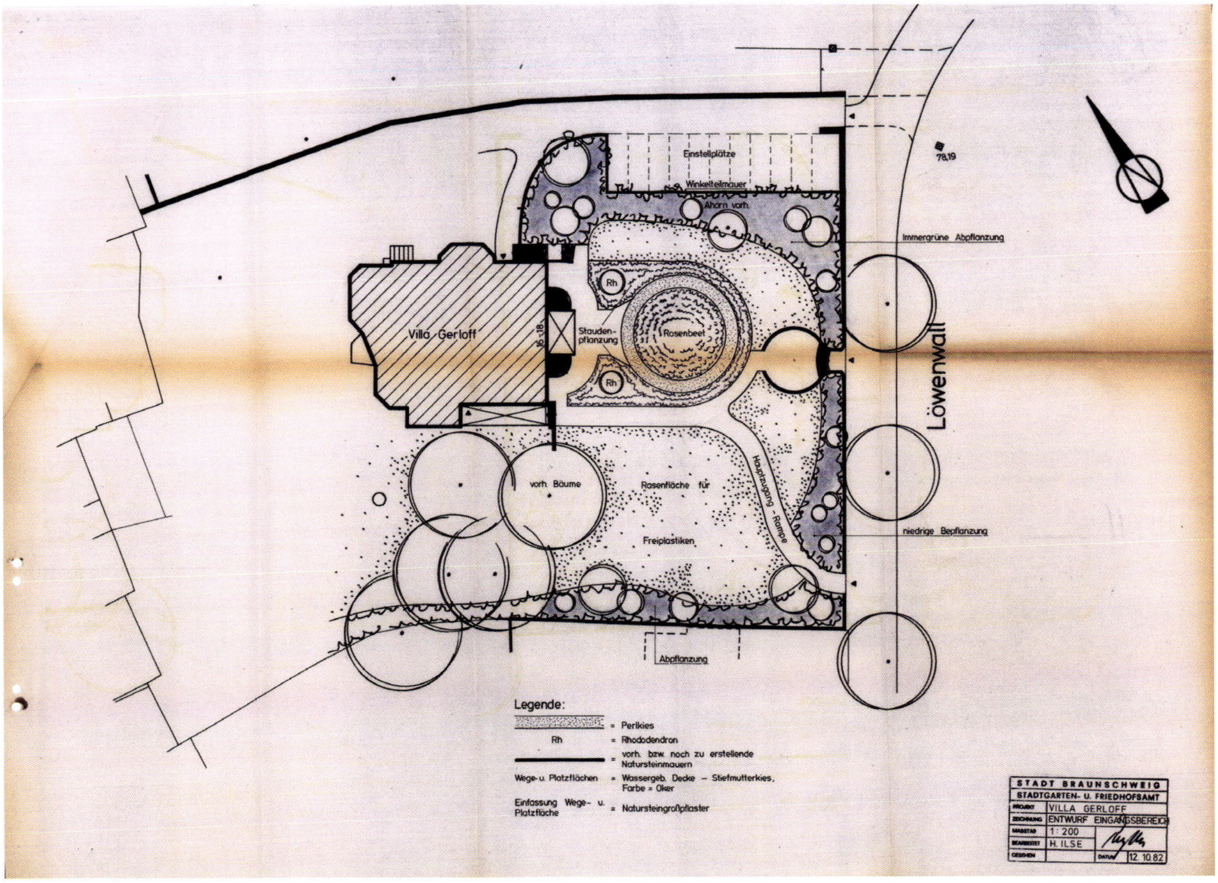

Einstellplätze
Winkelstützmauer
Ahorn vorh.
Immergrüne Abpflanzung
Rh
Villa Gerloff
Stauden-pflanzung
Rosenbeet
Löwenwall
vorh. Bäume
Rosenfläche für Freiplastiken
Hauptzugang - Rampe
niedrige Bepflanzung
Abpflanzung
78,19
Legende:
= Perlkies
Rh = Rhododendron
= vorh. bzw. noch zu erstellende Natursteinmauern
Wege- u. Platzflächen = Wassergeb. Decke – Stiefmutterkies, Farbe = Oker
Einfassung Wege- u. Platzfläche = Natursteingroßpflaster
STADT BRAUNSCHWEIG
STADTGARTEN- U. FRIEDHOFSAMT
VILLA GERLOFF
ENTWURF EINGANGSBEREICH
1 : 200
H. ILSE
12.10.82

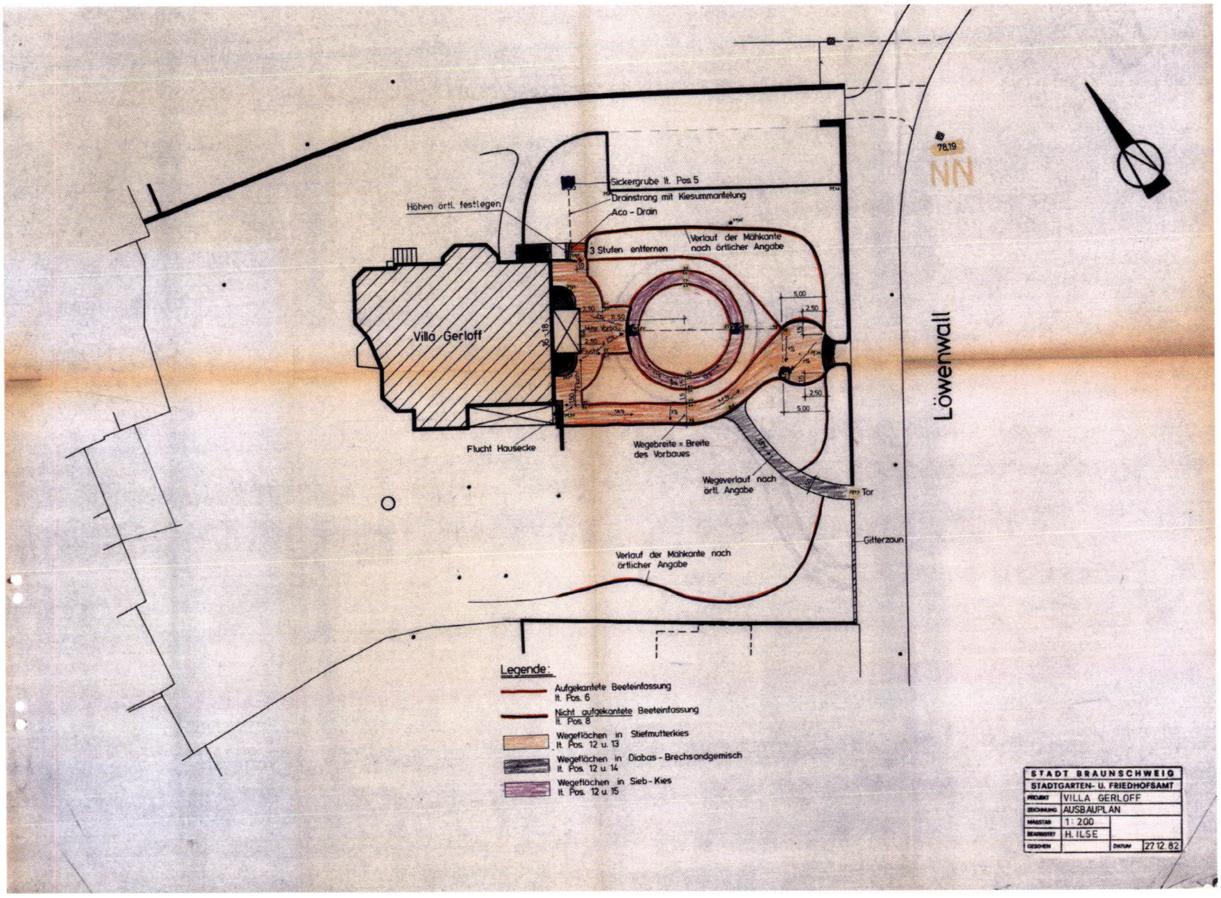

Sickergrube lt. Pos 5
Drainstrang mit Kiesummantelung
Aco - Drain
Höhen örtl. festlegen
3 Stufen entfernen
Verlauf der Mähkante nach örtlicher Angabe
Villa Gerloff
Flucht Hausecke
Wegebreite = Breite des Vorbaues
Wegeverlauf nach örtl. Angabe
Tor
Gitterzaun
Verlauf der Mähkante nach örtlicher Angabe
Löwenwall
78,19
NN
5,00
2,50
Legende:
Aufgekantete Beeteinfassung lt. Pos. 6
Nicht aufgekantete Beeteinfassung lt. Pos. 8
Wegeflächen in Stiefmutterkies lt. Pos. 12 u. 13
Wegeflächen in Diabas - Brechsandgemisch lt. Pos. 12 u. 14
Wegeflächen in Sieb - Kies lt. Pos. 12 u. 15
STADT BRAUNSCHWEIG
STADTGARTEN- U. FRIEDHOFSAMT
VILLA GERLOFF
AUSBAUPLAN
1 : 200
H. ILSE
27.12.82

Die Form des Eingangsbereiches wurde im Zuge der Bauarbeiten optimiert und etwas stimmiger gestaltet. Die in den Positionen des Leistungsverzeichnisses enthaltenen Arbeiten zu einer einreihigen, halbrunden Natursteinmauer aus bauseits lagernden Kalksteinen lassen sich sowohl aus den Umbauplänen als auch der Umsetzung nicht mehr ablesen. Wahrscheinlich handelte es sich hierbei um die Einfassung des in der Version vom 12.10.82 konzipierten kreisrunden Eingangsbereiches.

Der zum Ende des Jahres 1982 erstellte Plan gibt den endgültigen Ausbauzustand der Wege- und Platzflächen wieder. Demnach wurde die Vielfalt des Materialeinsatzes der wassergebundenen Decken zugunsten einer einheitlichen Wegedecke aus ocker-farbenem Perl-Kies reduziert.

Die Pflanzarbeiten wurden mit dem Einbringen der Stauden- und Gehölze im Frühjahr 83 begonnen und mit dem Setzen der vorgesehenen Solitärbäume entlang des Zufahrtsbereiches zum Herbst 1983 abgeschlossen.

Die beabsichtigte spätere Umsetzung des 2. Bauabschnittes für den Bereich des Untergartens kam nie zur Ausführung. Dieser Bereich wurde vielmehr sich selbst überlassen und wurde als Lagerplatz genutzt.

Anfang der 90er Jahre des letzten Jahrhunderts gab es seitens der Nutzer immer wieder Beschwerden bezüglich des Pflegezustandes der 1983 ausgebrachten Bodendeckerrosen im Innenbereich des Pflanzenrondells. Da sich das Stadtgarten- u. Friedhofsamt aus personellen Gründen nicht in der Lage sah, eine dauerhaft hinreichende Pflege der Gehölzflächen zu gewährleisten, entschloss man sich 1992, unter dem Aspekt einer weiteren Reduzierung des Pflegeaufwands, zur Umgestaltung des Rondells.

Die Rosenpflanzung wurde deshalb komplett entfernt und die innere Pflanzfläche des Rondells auf fünf Meter verkleinert. Die Innenfläche sollte nunmehr durch Sommerblumen und eine Plastik bestimmt werden. Um diese schloss sich eine weitere Wegefläche, die durch niedrige Taxushecken mit eingestreuten Taxuskugeln begleitet wurde.

Entwurf Gesamtbereich, 27.12.1982
Stadtgarten- u. Friedhofsamt Stadt Braunschweig

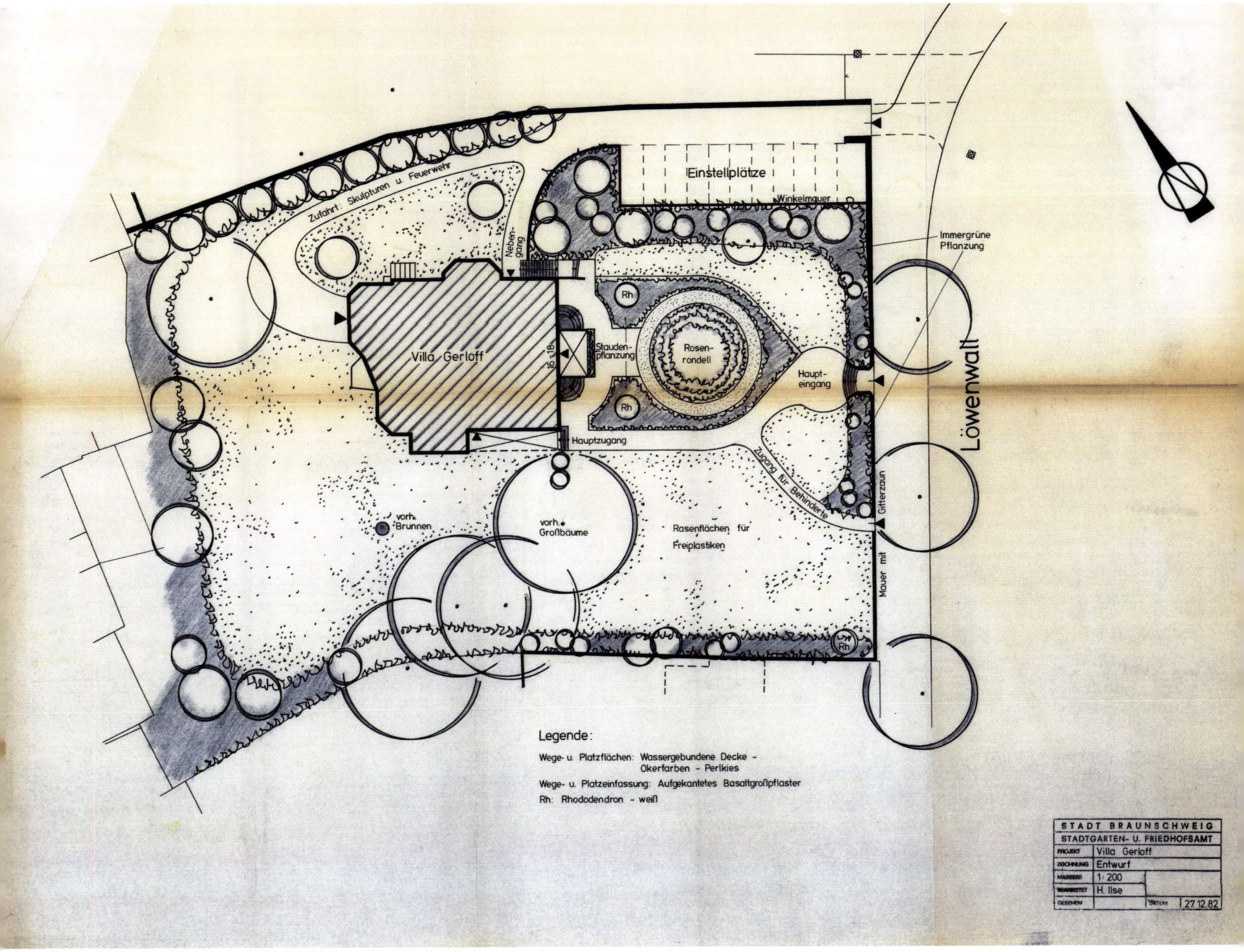
Einstellplätze
Winkelmauer
Zufahrt: Skulpturen u. Feuerwehr
Neben-gang
Immergrüne Pflanzung
Rh
Stauden-pflanzung
Rosen-rondell
Haupt-eingang
Villa Gerloff
Hauptzugang
Zugang für Behinderte
Gitterzaun
Löwenwall
vorh. Brunnen
vorh. Großbäume
Rasenflächen für Freiplastiken
Mauer mit
Legende:
Wege- u. Platzflächen: Wassergebundene Decke - Okerfarben - Perlkies
Wege- u. Platzeinfassung: Aufgekantetes Basaltgroßpflaster
Rh: Rhododendron - weiß
STADT BRAUNSCHWEIG
STADTGARTEN- U. FRIEDHOFSAMT
Villa Gerloff
Entwurf
1: 200
H. Ilse
27.12.82

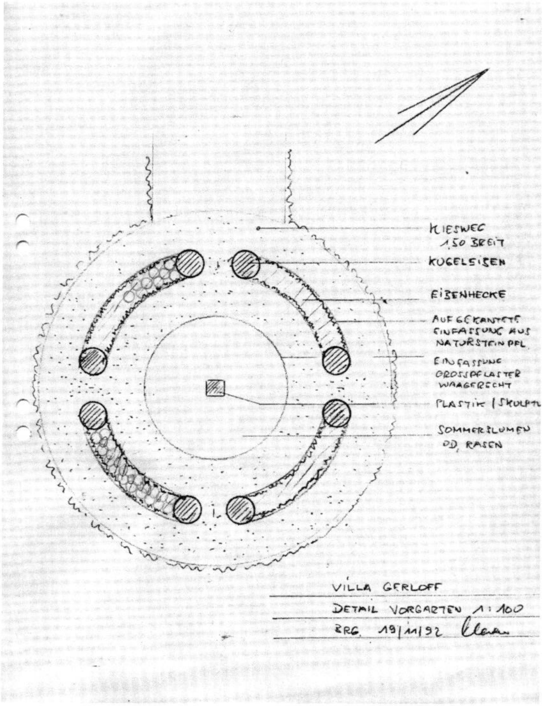

Erneuerung Pflanzenrondell, 27.11.1992
Stadtgarten- u. Friedhofsamt Stadt Braunschweig

Haus der Städtischen Formensammlung Braunschweig, Obergarten:
- Haupteingang, Veranda
- Pflanzenrondell und Hauptfassade
- seitlicher Eingangsbereich
- Hauptfassade

Was ist vom Garten geblieben?

Für eine harmonische und gleichzeitig kontrastreiche Gartenanlage sind unter Anderem optische Reize (Farbe, Form), akustische Reize (Wassermurmeln), flächenhafte Tiefenwirkung (Rasenflächen), Blickbeziehungen, rhythmische Höhenabstufung und Raumwirkung wichtig. Auf dem Gartengrundstück war vieles davon umgesetzt und die Grundfläche des Gartens mit dem Grundstückszukauf in den 70er Jahren um etwa 1.000 m² erweitert worden.

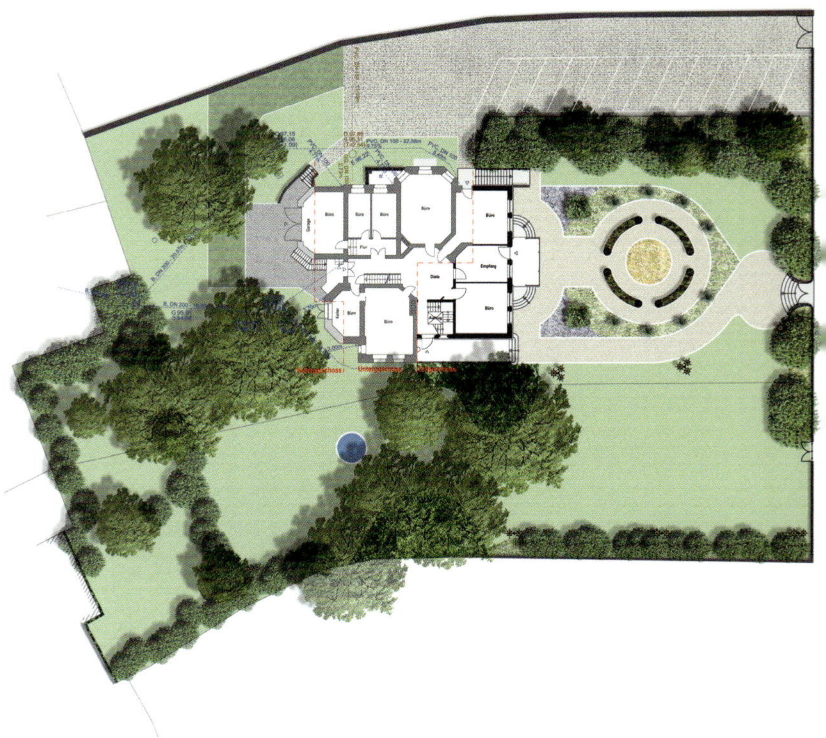

Einige Strukturen der ursprünglichen Grundkonzeption waren noch erlebbar. Jedoch ging mit dem Pflegeausfall der Nachkriegsjahre, der Vernachlässigung in den späten 60er und 70er Jahren und auch durch die Umgestaltungsphase in den 80er Jahren des letzten Jahrhunderts, ein unwiederbringlicher Verlust von Ausstattungselementen einher.

Der Gerloffsche Garten befand sich im ersten Drittel des 20. Jahrhunderts zweifelsfrei auf seinem gestalterischen Höhepunkt. Leider ist festzustellen, dass aus verschiedenen Gründen von der ursprünglichen Substanz nur wenig bis nichts erhalten ist.

Als letztes Relikt aus der Blütezeit des Gartens kann die etwa 50 cm breite Natursteinmauer an der Grundstücksgrenze zur Gauß-Schule gewertet werden. Sie wurde etwa 1907 im Zuge des Schulbaus auf der Grundstücksgrenze errichtet.

Bestandsplan, Juni 2007

Obergarten, Bestand 2007

Obergarten, Blick zum Untergarten, Bestand 2007

Untergarten, Blick nach Westen, Bestand 2007

Obergarten, Hauptfassade, Eingangsbereich, Bestand 2007

Zufahrt, Eingangsbereich, Bestand 2007

Untergarten, nach Nordwesten, Bestand 2007

Untergarten, nach Osten, Bestand 2007

Untergarten, Bestand 2007

Untergarten, Materiallager, Bestand 2007

Mauer Gausschule
Natursteinmauer zur Gaussschule, Bestand 2007

Garagenzufahrt, Bestand 2007

Die reiche Ausstattung des Gartens mit Ruhesitzen und Grotten, der große Gartenpavillon, der Sitzplatz am Steintisch sowie der Gartenpond mit Wasserfontäne waren nach dem Umbau durch die Stadt Braunschweig nicht mehr erhalten.

Deutlich kann jedoch die Gartenmitte, aufgrund der gestalterischen Betonung des Pflanzenrondells, als einstiges Herzstück der Anlage nachvollzogen werden. Ihre Qualität ergibt sich aus der Art der Bepflanzung und der geometrisch zusammengesetzten Form, die in dieser Größe in einem bürgerlichen Garten heute nur noch selten aufzufinden sein dürfte. Mit der historischen Substanz hat sie indes nur wenig gemein.

Die ursprüngliche Konzeption einer, durch ein zentrales Wasserbecken betonten, relativ freien Mitte mit umlaufendem Rundweg und ein- bzw. angelagerten Teppichbeeten wurde nahezu in ihr Gegenteil verkehrt. Einzelgehölze, wie die aus der Gründungszeit des (Nachbar-) Gartens stammende Eibe oder die Blut-Buche, aber auch die etwas jüngeren Ahorn- und Buchenbäume des Untergartens, haben heute nicht nur einen hohen Alterswert und ökologische Funktion, sondern bestimmen mit ihrem stattlichen Wuchs den atmosphärischen Gehalt der jeweiligen Gartenbereiche.

Die sonstige vegetative Ausstattung hat aufgrund nachlassender Pflege im letzten Drittel des 20. Jahrhunderts, vor allem im Untergarten, an Substanz und an pflanzlicher Fülle eingebüßt. Die einst das Zentrum der Anlage bestimmenden Rosengehölze, die Staudenrabatten und die lockeren Blumenarrangements konnten nicht erhalten werden. Die für einen bürgerlichen Garten der damaligen Zeit typischen Fliedergehölze sind nicht mehr nachweisbar.

Mithin muss festgestellt werden, dass in allen Belangen eine grundlegende Überformung des Gartens stattgefunden hat. Rückstandpflege, Sanierung und Ergänzung nach Befund können aus dem jetzigen Zustand heraus nicht mehr herausgearbeitet werden.

In Auswertung der recherchierten Unterlagen, Fotos, Pläne, Karten, der mündlichen Überlieferungen als auch der kunsthistorischen Betrachtung lässt sich feststellen, dass der Gerloffsche Garten eine interessante Variante (Stilpluralismus) des bürgerlichen Gartens im frühen 20. Jahrhundert darstellt.
Aufgrund ihrer privaten Natur führte der schnell wechselnde Gartengeschmack, Kriegseinwirkungen und Zusatzbebauungen oder einfach Geringschätzung im 20. Jahrhundert dazu, dass sich kaum bürgerliche Gärten in ihrer ursprünglichen Gestalt erhalten konnten. So auch beim Garten Gerloff. Die dokumentierten Unterlagen überliefern jedoch eine noch gut ablesbare Gartengestaltung aus der Jahrhundertwende.

Obergarten, Eingangsbereich, Bestand 2007

Obergarten, Pflanzenrondell, Bestand 2007

Obergarten, Blutbuche, Alter ca. 200 Jahre, Bestand 2007

Untergarten, Blick in Richtung Süden zum Obergarten, Bestand 2007

Untergarten, Blick in Richtung Osten zur Gausschule, Bestand 2007

Die Gärten am Braunschweiger Löwenwall stellten im Freiflächensystem der entfestigten Stadt von Beginn an einen wichtigen stadträumlichen Mosaikstein dar. Sie formulierten eine bürgerlich, repräsentative und durch Gärten charakterisierte Adresse zum öffentlichem Raum der östlichen Wallpromenaden.
Ob für die gärtnerische Anlage des damals ca. 3.000 m² großen Grundstücks ein Gartenarchitekt hinzugezogen wurde, ist nicht bekannt. Möglicherweise gestaltete der für das Gebäude maßgeblich involvierte Stadtbaurat Ludwig Winter auch den Außenraum. Seine detailverliebten Korrekturen an z.B. Pforte und Zaunelementen, legen diesen Rückschluss nahe.

Der ursprüngliche Gerloffsche Garten war ein Vertreter des sogenannten »gemischten Stils«, also eine Verbindung regelmäßiger und landschaftlich-malerisch geprägter Bereiche. Der Obergarten wurde vom Löwenwall aus durch einen hufeisenförmigen, asphaltierten Weg erschlossen, in dessen Mitte ein kleiner Gartenpond und ornamentale Teppichbeete die Aufmerksamkeit der Besucher auf sich zog. Der wegen der Nutzung des Souterrains für Wirtschaftsräume höher gelegene Bereich der Veranda wurde von einem Topfblumengarten begleitet. Die recht geringe Tiefe der »landschaftlichen Partien« war mit einzelnen Baumgruppen und Gebüschen besetzt. Die malerischen Szenen wurden durch verschiedene Grottenarchitekturen und eine bewachsene Laube ergänzt. Zu seiner Blütezeit, Anfang der 30er Jahre des letzten Jahrhunderts, galt der Gerloffsche Garten als ein herausragender Vertreter großbürgerlicher Repräsentation.

Mit Erwerb des Grundstücks durch die Stadt Braunschweig wurden 1982 nach Jahren des Zerfalls auch die Außenanlagen neu gestaltet. Die Maßnahmen beschränkten sich jedoch aufgrund finanzieller Zwänge auf die Betrachtung des Obergartens. Ein Konzept zur Einbeziehung des Untergartens war zwar angedacht wurde jedoch nicht weiterverfolgt.
Nachdem die Stiftung Braunschweigischer Kulturbesitz das Grundstück 2004 erworben hatte, sollte, bedingt durch die funktionale Notwendigkeit, die vorhandene Stellplatzanlage in den Bereich des Untergartens zu erweitern, 2007 auch ein neues Kapitel in der Gartengeschichte aufgeschlagen werden.

Gestaltungsansatz
Das Erscheinungsbild der Gartenanlage entsprach, bis auf die fehlenden Skulpturen des Museums für Formensammlung, noch dem Stand der städtischen Umgestaltungsmaßnahmen aus dem Jahr 1993. Deren Gestaltprägung fokussierte auf das Zentrum des repräsentativen Eingangsbereiches, welches durch ein mit Taxus besetztes Pflanzrondell abgebildet wurde. Die Qualitäten ergaben sich aus der Art der Bepflanzung und der geometrisch zusammengesetzten Form. Mit der historischen Substanz hatte es indes nichts gemein.

Für eine Regeneration oder Rekonstruktion des Originalzustandes konnten jedoch keine Anhaltspunkte mehr recherchiert oder gar nachgewiesen werden. Um die Aussagekraft der historischen Anlage dennoch abbilden zu können, hätte das Gewicht des Entwicklungskonzeptes demnach auf nachbildenden und erneuernden Maßnahmen beruhen müssen. Aber auch hierfür erschien die Quellenlage nur allzu dürftig.

Im Gegensatz zur Rekonstruktion sollte die Geschichte des Gartens weitergeschrieben werden. Eine Möglichkeit, die zerstörte historische Gartenanlage aufzuwerten und zu sichern, bot der Neuentwurf. Die Arbeit an der historischen Anlage wurde somit wieder zum schöpferischen Akt. Der Ansatz war dabei nicht beliebig sondern versuchte vielmehr, den Geist der historischen Gartenanlage einzufangen und nach historischem Vorbild in eine zeitgenössische Sprache zu übersetzen. Entstehen sollte ein Ort der Entspannung, Leichtigkeit und Repräsentation, der geeignet ist, den heutigen Bedürfnissen der Nutzer und dem Charakter des Gebäudes und der Anlage gleichermaßen zu entsprechen.

Darüber hinaus war die durch den Grundstückszukauf in den 70er Jahren des 20. Jahrhundert erfolgte Erweiterung der Gartenfläche nach Westen, vor allem im Bereich des Untergartens, stilistisch sicher einzubinden.

Obergarten, Haupteingang vom Löwenwall, Bestand 2007

Obergarten, Hauptfassade, Bestand 2007

Obergarten, Pflanzenrondell, Bestand 2007

Gestaltungskonzept

Bedingt durch die Stellung des Gebäudes an der Hangkante zwischen Löwenwall und Klint wurde das Grundstück von jeher in zwei Bereiche geteilt. Zum Einen in einen repräsentativen sich zum Löwenwall orientierenden Eingangsbereich des Obergartens und zum Anderen in den eher nutzungsspezifisch geprägten, um 5 m tiefer liegenden rückwärtigen Bereich des Untergartens. Die überlieferte, zweigliedrige Struktur wurde im Laufe der Zeit durch eine Stellplatzanlage um einen weiteren eigenständigen Bereich nach Osten ergänzt. Die besondere Herausforderung bestand darin, die Stellplatzanlage in den Bereich des Untergartens hinein zu erweitern.

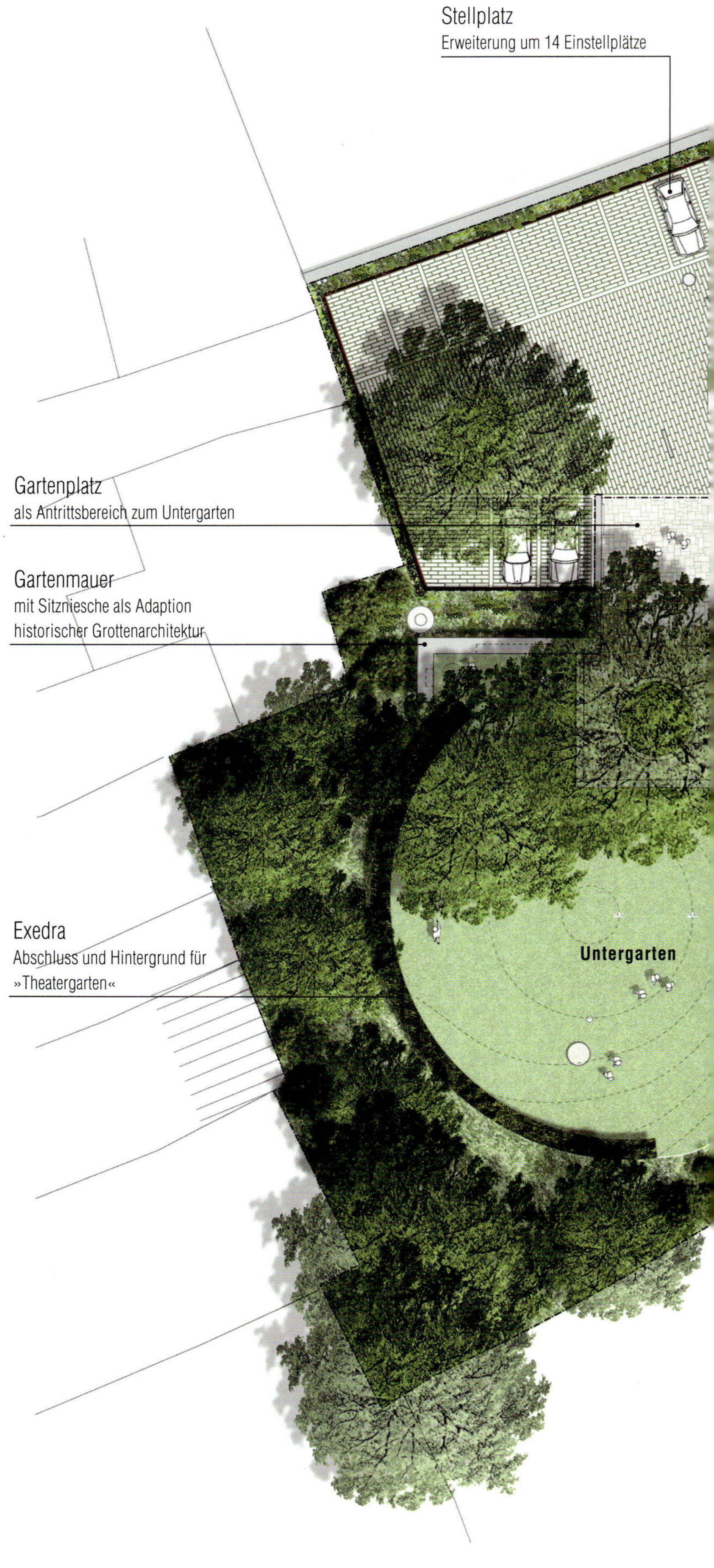

Entwurfsplan, Gesamtkonzept, capatti staubach 2007

Hecken-Grotte
Adaption historischer Grottenarchitektur

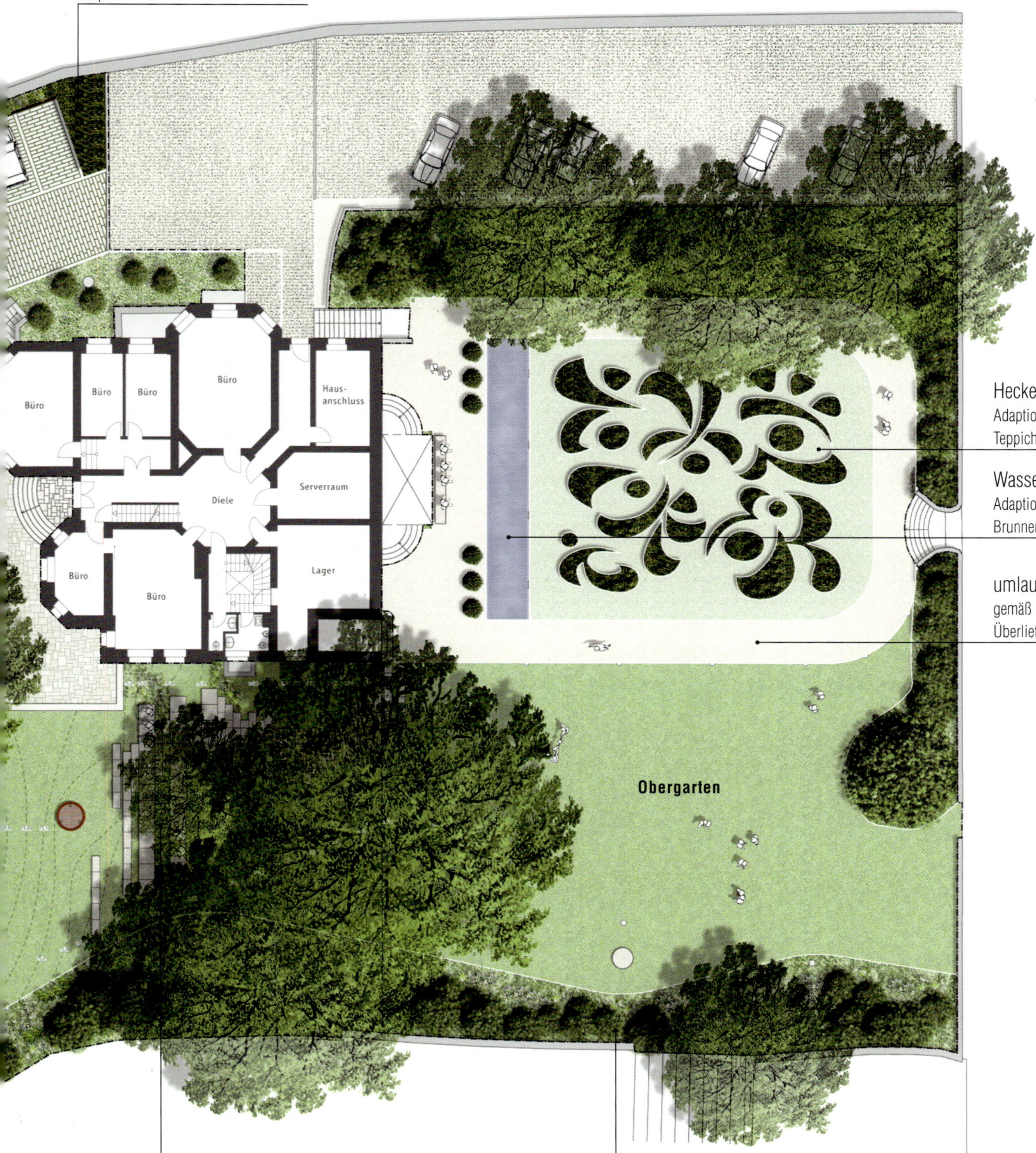

Heckenornament
Adaption historischer
Teppichbeete

Wasserbecken
Adaption historischer
Brunnenanlagen

umlaufender Weg
gemäß historischer
Überlieferung

Treppenanlage als Inszenierung des Hangbereich
als »Rang« des Theatergartens
- Illumination Baumbestand

Neupflanzungen
nach historischen Vorbildern (Flieder)

Der Untergarten

Das Gestaltungskonzept für den Untergarten ist auf die formulierten Bedürfnisse: Raum für temporäre Aktivitäten (z.B. Gartenfeste) sowie alltägliche Nutzung (Besprechungen) ausgerichtet. Gleichzeitig sollten repräsentative und funktionale Aspekte (Parken) miteinander verbunden werden. Mit klaren und raumbildenden Elementen sowie einer hochwertigen aber zurückhaltenden Pflanzen- und Materialverwendung sollte ein spannungsvoller, atmosphärischer Freiraum geschaffen werden, der die historisch überlieferten Elemente (Sitzbereiche, Grottenarchitektur, Bepflanzung) adaptiert und neu interpretiert.

Stellplatz

Die gartenarchitektonische Einbindung des in den Untergarten erweiterten Stellplatzbereiches wird dabei durch verschiedene Gestaltungselemente erreicht. Wichtigstes Element ist die Bodentextur, die als begrünte Rasenfuge technischen, ökologischen und gestalterischen Aspekten gleichzeitig genügen muss. Um den Stellplatz optisch in den Gartenbereich zu integrieren, wurde eine sehr breite Rasenfuge von 8 cm gewählt. Dadurch konnte ein Fugenanteil von 38 % realisiert werden. Dieser reduziert nicht nur deutlich den oberflächigen Regenabfluss und verbessert das Kleinklima, sondern reduziert weiterhin die Staubbelastung der Luft.

Den größten Nutzen sehen wir jedoch in der gestalterischen Aufwertung durch die breiten, mit Mikroklee begrünten Rasenfugen. Die bemerkenswerte Fähigkeit von Mikroklee über die gesamte Wachstumsperiode und selbst im Winter grün zu bleiben, trägt so zu einem ganzjährig attraktiven Gesamtbild bei.

Stellplatz Untergarten, Bodentextur

Stellplatz Untergarten, breite Rasenfugen

Stellplatz Untergarten, Musterung Bodentextur

Entwurfsplan, Stellplatz, 1.Bauabschnitt März-Juni 2008

Stellplatzanlage
1.Bauabschnitt

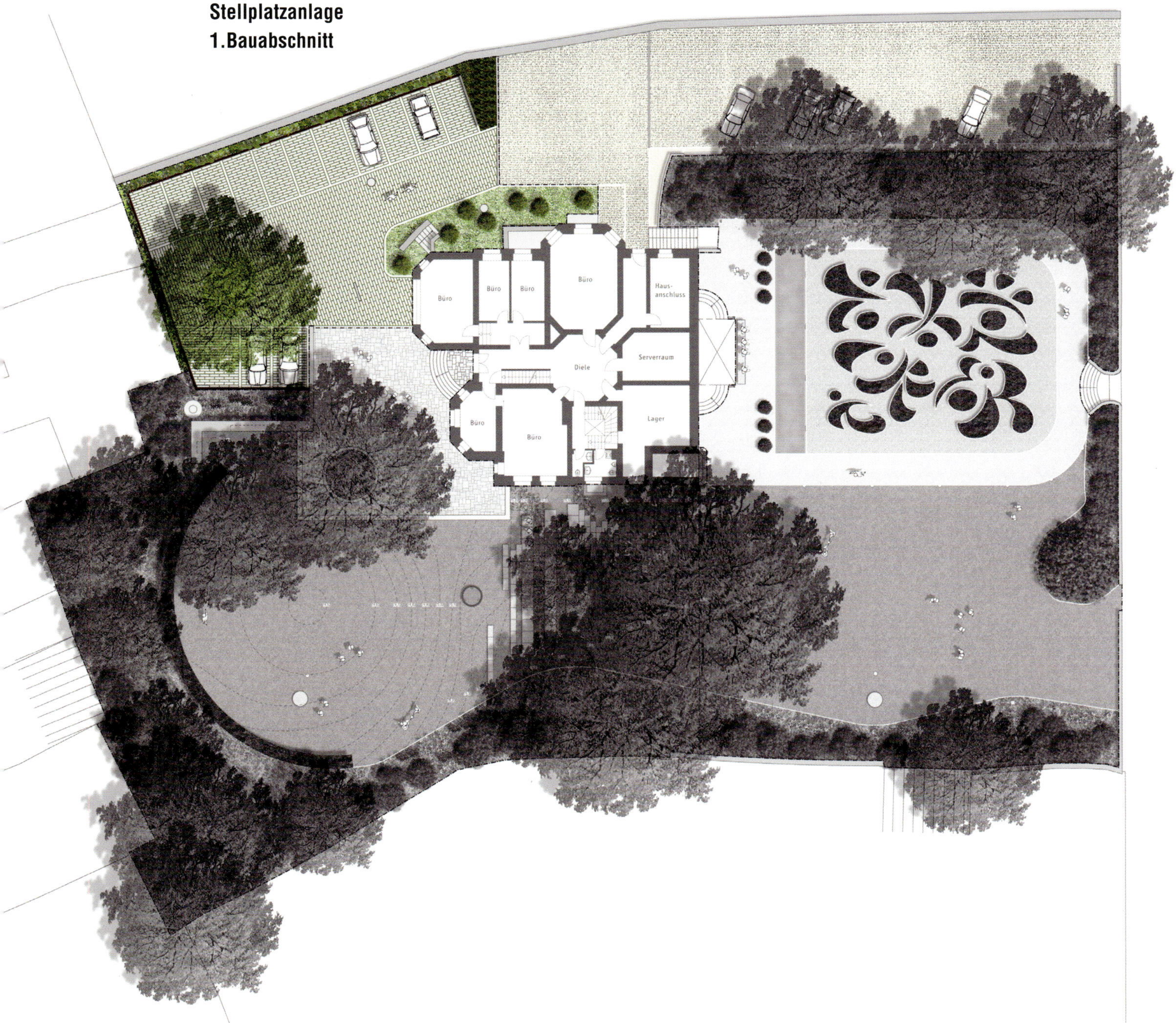

Auftakt und zentraler Blickfang von der Zufahrt aus gesehen ist eine kleine Heckengrotte aus geschnittener Hainbuche.

Nach Westen wird der Stellplatz von einer Mauer abgeschlossen, die zum Einen den Stellplatz begrenzt und zum Anderen als eine Art Paravent in den Gartenbereich überleitet.

Der Stellplatz wird von einer Pflanzung aus robusten, schattenverträglichen Kleingehölzen, Stauden und Gräsern wie Schattenglöckchen, Frauenmantel oder Funkie gerahmt. Als La muse gueule, dem Gruß aus dem Garten, bildet die Bepflanzung einen sanften Übergang zwischen den anschließenden Raumkanten (Mauer, Zaun).

Image Heckengrotte Stellplatzbereich

Stellplatz Untergarten, Blick zur Gartenmauer nach Westen

Stellplatz Untergarten, Konzeption der Saumbereiche zur gärtnerischen Einbindung

Stellplatz Untergarten, Pflanzenverwendung Saumbereich

Stellplatz Untergarten, Pflanzenverwendung Saumbereich

Untergarten, Bereich Stellplatz, Bestandsituation 2007
Untergarten, Bereich Stellplatz, Situation 2009

Theatergarten

Das Gestaltungskonzept für den Untergarten ist auf die formulierten Bedürfnisse: Raum für temporäre Aktivitäten (Gartenfeste) sowie alltägliche Nutzung (Besprechungen) ausgerichtet. Gleichzeitig werden repräsentative und funktionale Aspekte miteinander verbunden. Gestaltung ist also kein Selbstzweck, sondern dient immer auch einer Funktion. Ziel ist es, mit klaren und raumbildenden Elementen sowie einer hochwertigen aber zurückhaltenden Pflanzen- und Materialverwendung einen spannungsvollen, atmosphärischen Freiraum zu schaffen. Die Gestaltung soll historisch überlieferte Elemente (Grotte, Traillage) aufgreifen und in einer modernen und zeitgemäßen Gestaltsprache interpretieren. Inspirierendes Gestaltungsmotiv zur Umsetzung dieses Ziels ist das sprachliche Bild des **Theaters**.

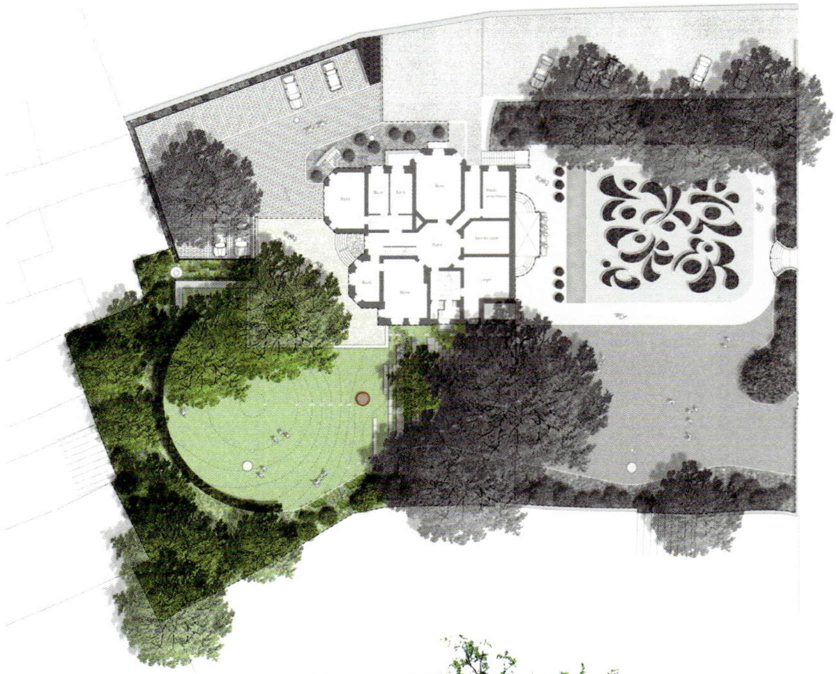

Die räumliche Anordnung der unterschiedlichen Funktionen des Gartens nimmt darauf Bezug. So sind die einzelnen Bereiche des Gartens in folgende Einheiten gegliedert:
1. Foyer, 2. Séparée, 3. Salon, 4. Rang

Das **Foyer** wird als kleine Piazza an der Nahtstelle zur Stellplatzanlage interpretiert. Die Erschließung von Unter- und Kellergeschoss ist in diesen Bereich integriert. Das Foyer ist der Antrittsbereich zum Gartenraum, der als großzügiger Salon die Bühne für gesellschaftliche Anlässe bildet. Eine geschwungene Hecke aus geschnittenem Taxus bildet als kulissenhafter Hintergrund dessen räumlichen Abschluss.

Entwurfsplan, Theatergarten, 2. Bauabschnitt September-Dezember 2008

Theatergarten, Exedra. Der zentrale Raum des Untergartens wird durch eine ca. 2m hohe Hecke akzentuiert. Durch die bogenförmige Krümmung der Hecke erscheint der Raum größer als er in Wirklichkeit ist.

Untergarten, Der Gartenplatz als Foyer mit Blick zum Séparée der Gartenmauer

Untergarten, Skulptur vor dem Heckenrund der Exedra

In den Abendstunden entfaltet der Garten durch eine stimmige Lichtkomposition einen ganz besonderen Reiz.

Beleuchtungsplan, Konzept, Entwurf 2007

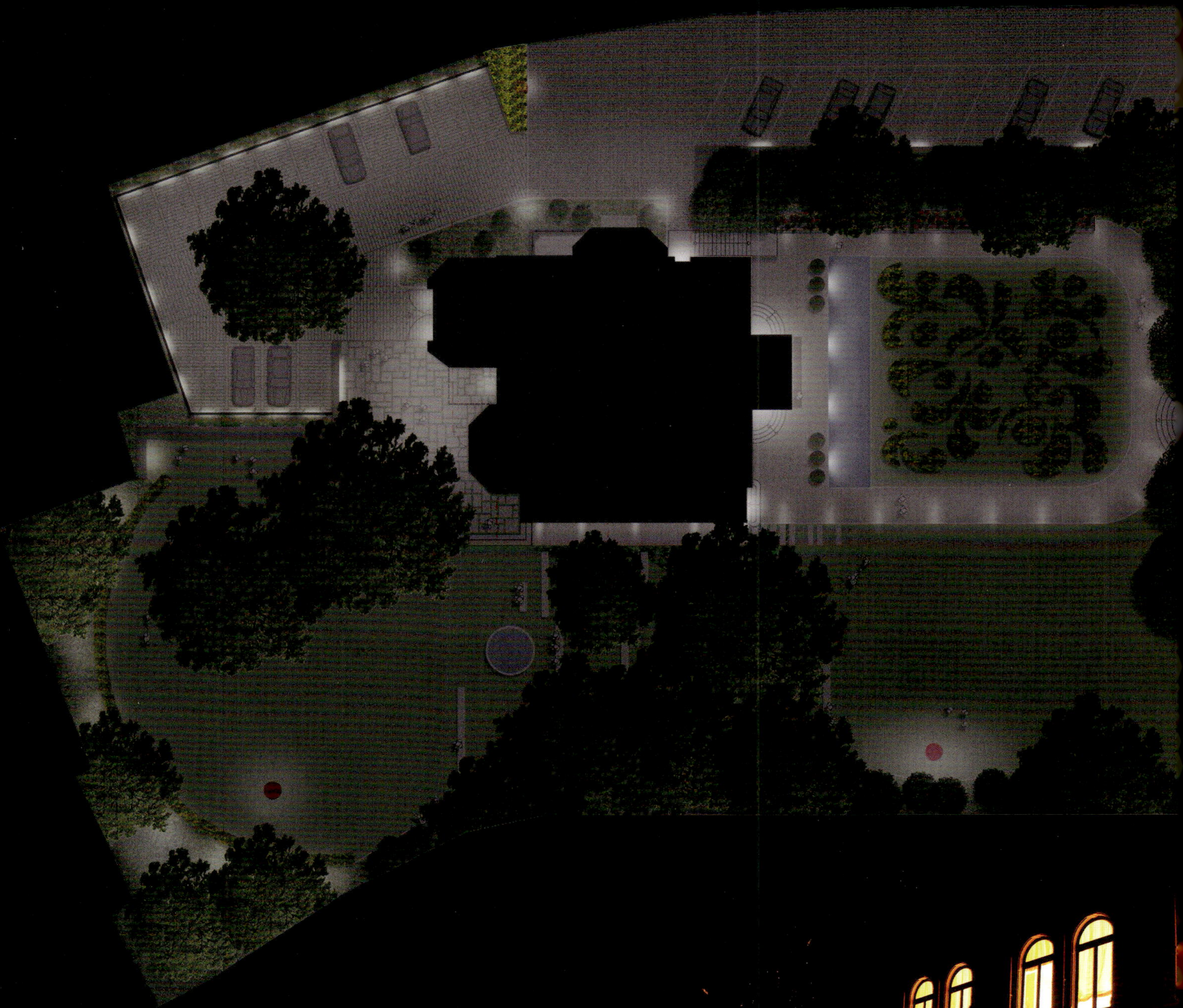

Zwischen Foyer und Salon ist ein kleinerer, intimerer Bereich konzipiert, der durch die Baumkronen der Bestandsbäume in den Sommermonaten angenehm beschattet wird. Das Rückgrat wird durch die raumprägende Mauer zum Stellplatz gebildet, in die gartenseitig eine 6 Meter lange Sitznische eingelassen ist. Als moderne Interpretation der einst immanenten Grottenarchitektur ist ihr die Funktion des Séparées zugedacht.

Im Sinne des Sprachbildes fungiert die zum Obergarten ansteigende, leicht modellierte Rasenfläche in einem Wechsel aus locker eingestreuten Treppenstufen als Rang des Theatergartens. Um das leicht ansteigende Gelände belebt und interessant zu gestalten, wurde auf Treppenstufen mit tiefer Schattenfuge zurückgegriffen. Die Vorderkante ist nur 6cm stark, was bei einer Auftrittshöhe von nur 15cm, einen schwebenden Effekt hervorruft.

Der sich anschließende Saumbereich bestehend aus Ziersträuchern, Stauden und Gräsern ist in der Höhe gestaffelt, um einen sanften Übergang zwischen Rasenfläche und Einfriedung zu erzeugen. Die Pflanzenverwendung zielt auf ein ruhiges Bild mit ausgesuchten Höhepunkten im Jahresverlauf, wie zum Beispiel die Winterblüte der Zaubernuss (Hamamelis) oder die auffälligen weißen Blütenähren des Federbuschstrauches (Fothergilla).

Untergarten, Separeé, Gartenmauer mit Sitzniesche

Untergarten, Hangbereich, Detail Stufenanlage

Untergarten, Hangbereich, Detail Stufenanlage, »Schwebeeffekt« durch großen Überstand

Untergarten, Bestandsituation 2007
Untergarten, Situation 2009

Der Obergarten

Der Entwurf des Obergartens versucht ein neues Bild zu schaffen, gleichzeitig jedoch bedeutsame Formen der Vergangenheit einzubeziehen. Der »neue Garten« entwickelt sich deshalb aus der historisch überlieferten, hufeisenförmigen Wegestruktur und stellt damit die alte Raumproportion der historischen Anlage im Grundsatz wieder her.

Der umlaufende Weg des Obergartens ist als eingefärbte Gussasphaltfläche mit eingewalztem, ockerfarbenem Splitt konzipiert. Mit diesem Aufbau wird die Optik einer Kies- bzw. Splittdecke erzielt, gleichzeitig können die Vorzüge einer Asphaltfläche – Stabilität und Pflegeextensivität – genutzt werden.

Die konvex geformte Innenfläche ist mit einem Heckenornament aus verschiedenen Buchssorten besetzt. Die Bodenfläche des Heckenornaments ziert eine 4 cm dicke Schicht aus Glaskies.

Entwurf Heckenornament, Kontrast durch unterschiedliche Buchssorten

Entwurfsplan, Obergarten, 3.Bauabschnitt März-Juni 2009

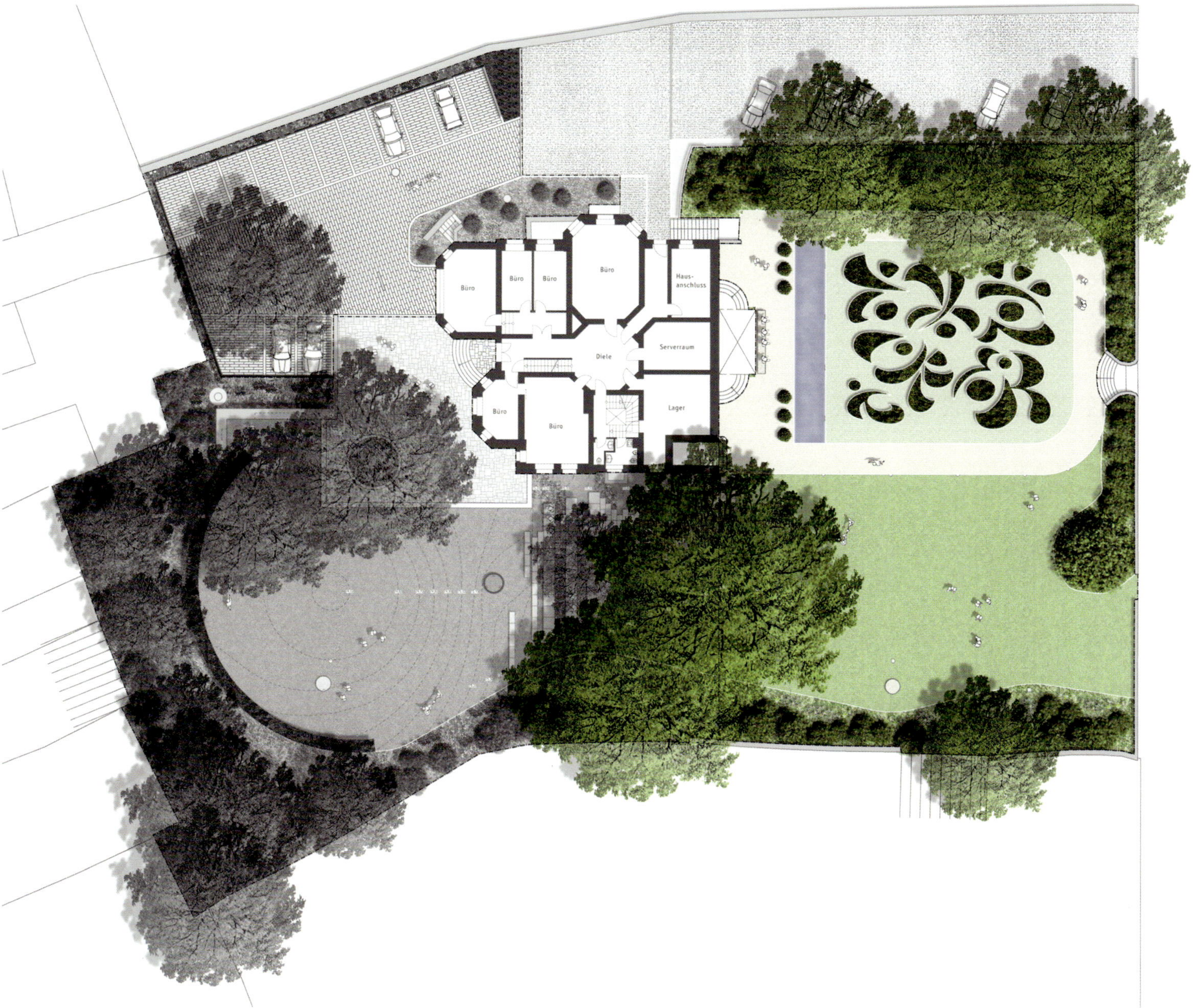

Büro
Büro
Büro
Büro
Haus-
anschluss
Diele
Serverraum
Büro
Büro
Lager

Obergarten, Bestandsituation 2007
Obergarten, Bestandsituation 2009

Dem Wasserbecken sind sechs Pflanztöpfe vorgelagert, mit denen das Thema der Rosen wieder neue Geltung erlangen soll. Sie sollen an den einstigen Topfgarten erinnern und sind mit intensiv duftenden Strauchrosen der weiß blühenden Sorte Innocencia bestückt. Sie schlagen damit einen Bogen zur mit Kletterrosen und Clematis berankten Veranda. Beide Pflanzen bilden aufgrund ihrer Unterschiede hinsichtlich der Blütengröße, -form und -farbe eine attraktive und harmonische Komposition. Das klassische Paar ergänzt sich ebenfalls im Wuchsverhalten. Weiß und Violett, aber auch einige rosa Farbtupfer bilden den Übergang zwischen Garten und Haus.

Konzeption italienischer Leichtigkeit und klassischer Eleganz

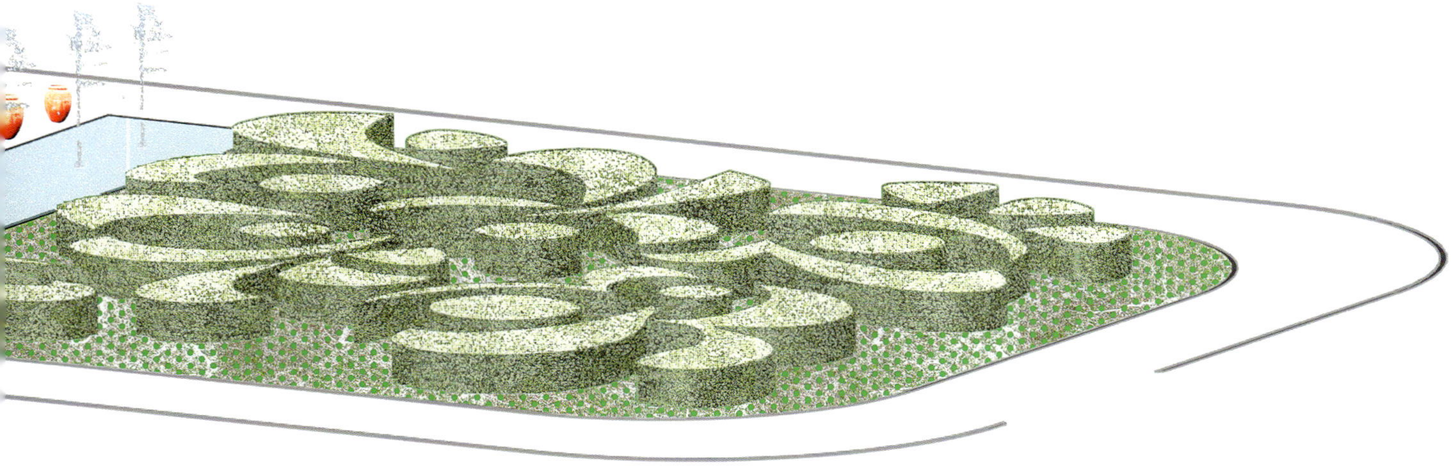

Zu den Rändern hin wird die Geometrie des Entwurfs von üppiger Bepflanzung belebt. Die Pflanzenverwendung orientiert sich dabei ebenso am historischen Vorbild. Der südwestlichen Grundstücksgrenze wurde eine Pflanzung vorgelagert, die aus Blütensträuchern, niedrigeren Stauden und Zwiebelpflanzen im Vordergrund besteht. Der Pflanzbereich mit geschwungener Vorderkante bildet die Fortsetzung des Saumes aus dem Untergarten, weist hier jedoch eine stärker auf Repräsentation ausgerichtete Wirkung auf. Dominierend kommt hier Flieder zum Einsatz, der um Sommerflieder (Buddleja) und Pfeifenstrauch (Philadelphus) ergänzt wird. Das Farbspiel in vorwiegend Weiß-, Violett- und dunklen Rottönen unterstreicht die ruhige, repräsentative Wirkung. In dieses Farbspektrum reihen sich auch die Vordergrundpflanzen wie z.B. der weiße Zierlauch oder die rotblättrige Wolfsmilch ein.

Gartendetails
- Heckenparterre mit umlaufendem Weg
- farblich abgestimmte Pflanzgefäße
- Schatten auf Asphalt-Einstreudecke
- Die Rosen sind wieder da!
- Glaskies, Übergang zum Wasserthema
- Lichtreflexionen im Wasser

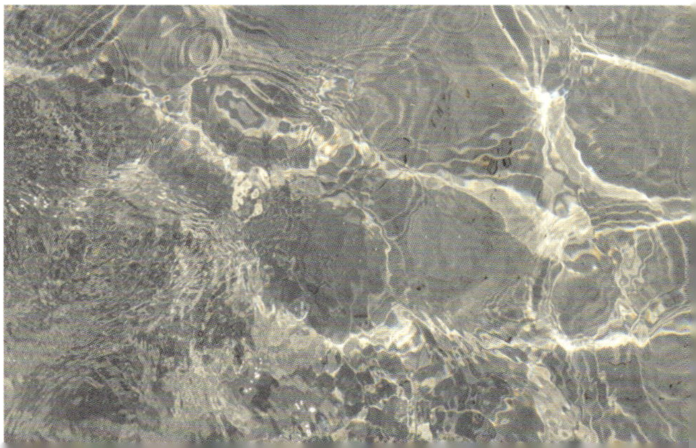

Aufgrund seiner immergrünen Nadeln und dichten Struktur wurde Taxus für die geschwungene Hecke der Exedra als Kulisse des Untergartens gewählt. Hainbuche, Carpinus betulus, deren Blätter im Winter schöne Aspekte bieten, schmückt den Eingangsbereich des Stellplatzes. Für das Parterre des Obergartens wurden hingegen verschiedene Buchsbaumsorten eingesetzt, da die filigrane Formensprache des Ornaments durch die kleinteilige Struktur des Buchsbaums unterstützt wird.

Die westliche Grundstücksgrenze wird raumwirksam durch eine waldähnliche Pflanzung aus Bäumen und Nadelgehölzen definiert. Hinter der geschwungenen Taxushecke mit gelbgrünen Nadeln erhebt sich die Waldsituation in kontrastierenden Farben, Wuchsformen und Blatttexturen. Die Herbstfärbung des Zimtahorns sticht in Rot-Orange-Tönen hervor und der Blasenbaum besticht durch seinen filigranen Habitus.

Der Stellplatz wird von einer Pflanzung aus robusten, schattenverträglichen Kleingehölzen, Stauden und Gräsern wie Schattenglöckchen, Frauenmantel oder Funkie gerahmt. Sie bildet einen sanften Übergang zwischen den anschließenden Raumkanten (Mauer, Zaun) und leitet in den Gartenraum über.

Die vorhandene Strauchpflanzung aus vorwiegend immergünem Liguster wird punktuell durch blütenreiche Flieder und Hortensiensorten ersetzt. Die daraus entstehende Pflanzenkombination wartet mit Blütenflor in weißen bis hell- und dunkelvioletten Tönen auf. Den Winteraspekt bilden die immergrünen Blätter des Ligusters.

Die Unterpflanzungen der bestehenden Gehölzpflanzungen werden von schattenverträglichen Blattschmuckstauden wie dem Schaublatt dominiert. Einzelne Lichtpunkte in Weiß oder Pastell werden durch Solitärstauden oder Gräser gesetzt. Beispiele dafür sind die Silberkerze mit ihren straff aufrechten Blütenständen oder der Geißbart mit lockeren, leicht überhängenden Blütenrispen.

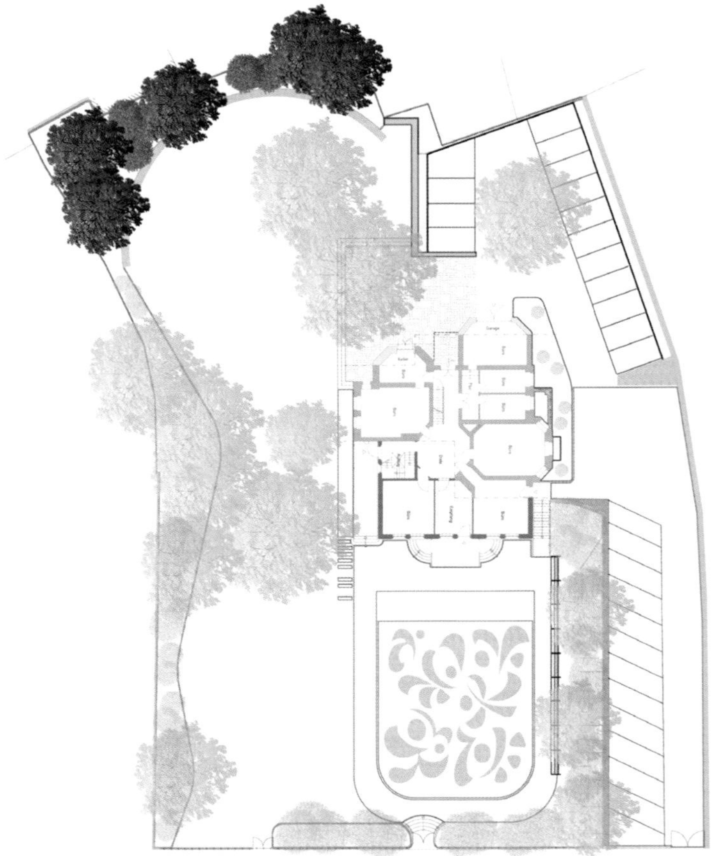

Bäume

Hinter einer gebogenen Taxushecke mit ihren immergrünen, dunklen Nadeln sind Neupflanzungen aus Zimt-Ahorn und Blasenbaum positioniert. Die kontrastierenden Farben, Wuchsformen und Blatttexturen der kleinen Gartenbäume bilden einen kulissenhaften Hintergrund und schließen den Gartenraum nach Westen ab.

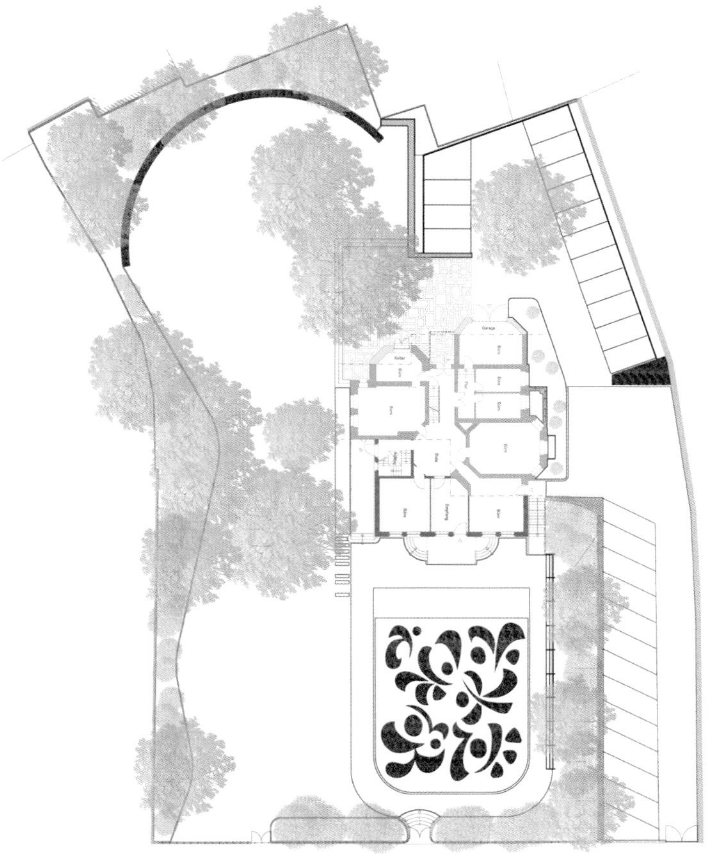

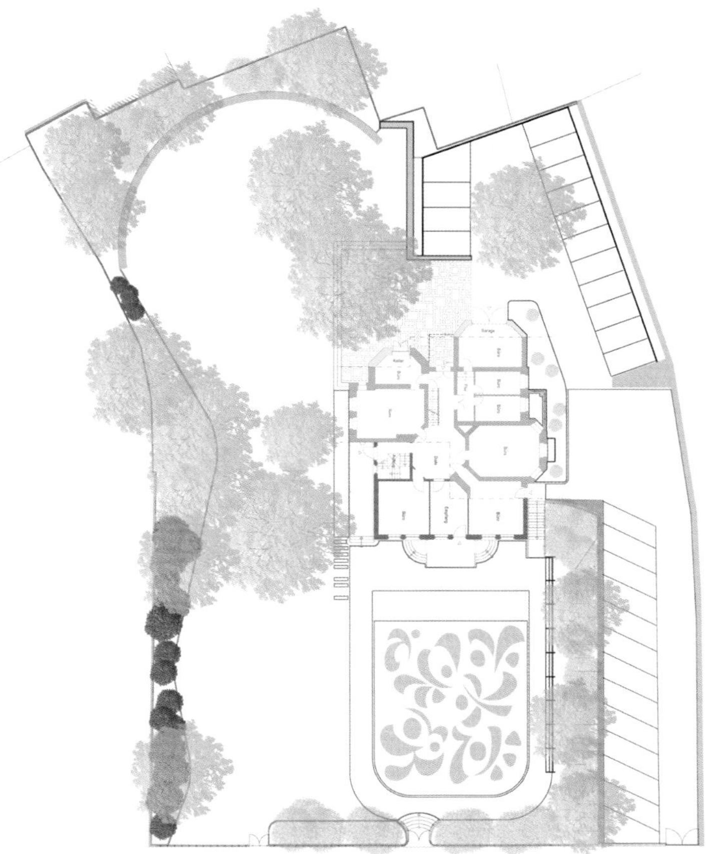

Hecken
Verschiedene Heckenelemente setzen räumliche Akzente: Die dichte, dunkle Struktur des Taxus wird als geschwungene Exedra im Untergarten eingesetzt. Eine Heckengrotte aus Hainbuche ist als Auftakt zum Stellplatzbereich vorgesehen. Feingliedrige, farblich changierende Buchsbaumsorten unterstützen die filigrane Formensprache des Ornamentes im Obergarten.

Flieder-Saum
Die vorhandene Strauchpflanzung aus vorwiegend immergünem Liguster wird punktuell durch blütenreiche Flieder- und Hortensiensorten ersetzt. Die daraus entstehende Pflanzenkombination wartet mit Blütenflor in weißen bis hell- und dunkelvioletten Tönen auf. Den Winteraspekt bilden die immergrünen Blätter des Ligusters.

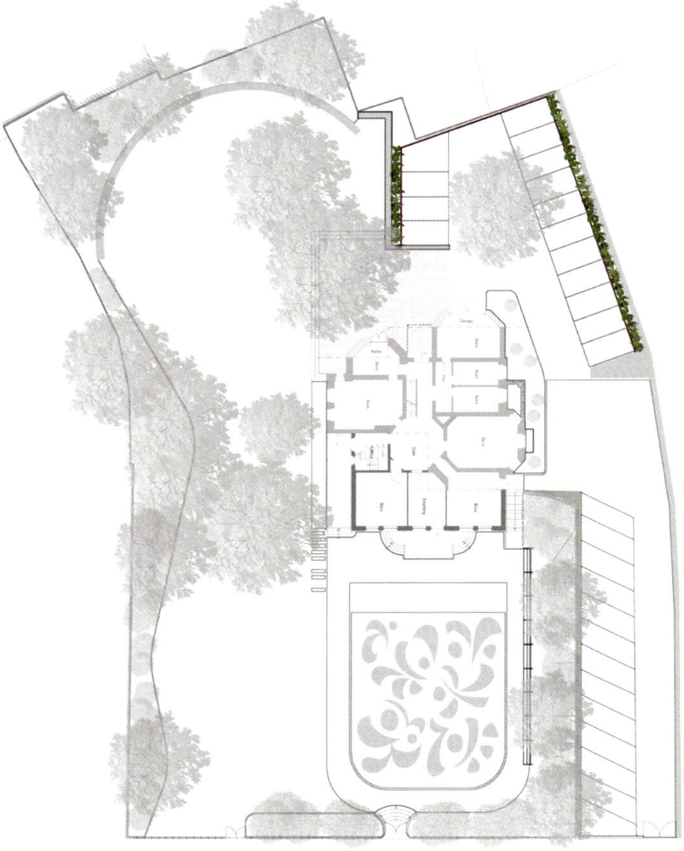

La muse gueule (Saum Stellplatz)
Der Stellplatz wird von einer Pflanzung aus robusten, schattenverträglichen Kleingehölzen, Stauden und Gräsern wie Schattenglöckchen, Frauenmantel oder Funkie gerahmt. Sie bildet einen sanften Übergang zwischen den anschließenden Raumkanten (Mauer, Zaun) und leitet in den Gartenraum über.

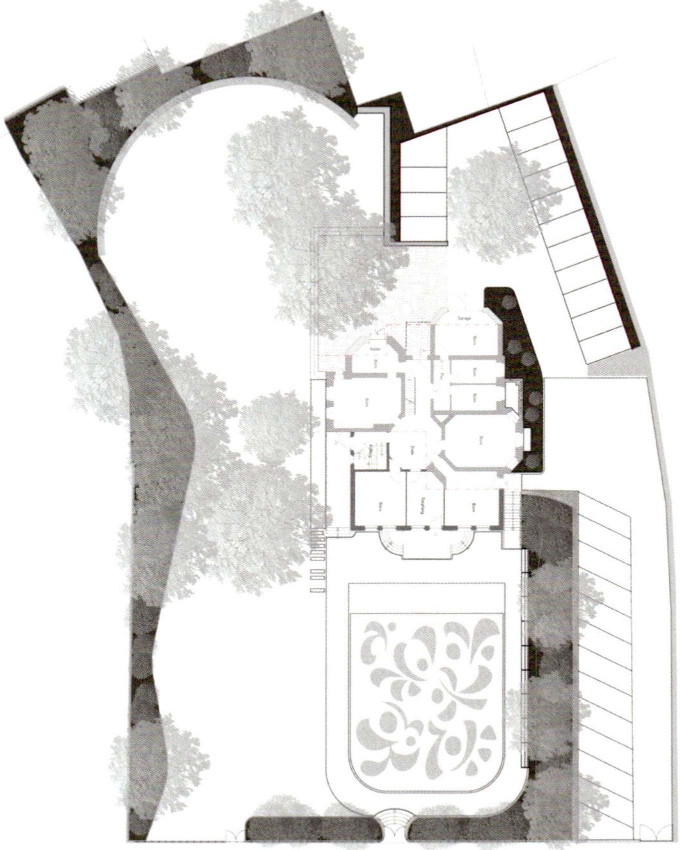

Unterpflanzung
Die Säume der Gehölzpflanzungen werden von schattenverträglichen Blattschmuckstauden wie dem Schaublatt dominiert. Einzelne Lichtpunkte in Weiß oder Pastell werden durch Solitärstauden oder Gräser gesetzt. Beispiele dafür sind die Silberkerze mit ihren straff aufrechten Blütenständen oder der Geißbart mit lockeren, leicht überhängenden Blütenrispen.

DIE HEUTIGE NUTZUNG

Herzog Julius
* 15. Oktober 1564,
† 20. Juli 1613

Die Stiftung Braunschweigischer Kulturbesitz ist lebendiges Beispiel, um die Behauptung »Zukunft ist Herkunft« von Horst W. Opaschowski, seit 2007 wissenschaftlicher Leiter und Kuratoriumsvorsitzender der Stiftung für Zukunftsfragen, zu belegen. An ihr wird deutlich, dass modern und zukunftsorientiert kein Gegensatz zu traditionell und historisch ist, sondern dass diese beiden Bereiche aufeinander aufbauen.

Entwicklung

Um die Herkunft der Stiftung Braunschweigischer Kulturbesitz darzulegen, muss in der Geschichte weit zurückgegriffen werden.

Braunschweigischer Vereinigter Kloster- und Studienfonds

Sie beginnt im Jahre 1568, als Herzog Julius die Reformation im Braunschweiger Land einführte. Damit wurde er nicht nur zum Oberhaupt der Kirchen im Braunschweiger Land, sondern ihm fiel auch das kirchliche Vermögen zu. Im Gegensatz zu vielen anderen Landesherren entschied er sich jedoch bewusst gegen die Vereinnahmung dieses Vermögens in die Staatskasse. Vielmehr sollten die Erträge aus dem kirchlichen Vermögen auch weiterhin für wissenschaftliche und kulturelle Zwecke verwendet werden. Zu diesem Zweck erließ er im Jahre 1569 eine neue Klosterordnung, welche den Stiften und Klöstern Selbständigkeit zusicherte. Lt. Herzog Julius' Worten sollte das Vermögen »als ein gemeiner Schatz diser lande mit allem vleiß erhalten« bleiben und »zu underhaltung der pfarren, zu hospitalen, zu knaben und medlein schulen« dienen.

Dies war die Geburtsstunde des Braunschweigischen Klosterfonds.

Dieser für die damalige Zeit ungewöhnliche Umgang mit dem kirchlichen Vermögen wurde in der Folgezeit von Herzog August abgesichert. Dieser verfügte mit seiner im Jahre 1655 erlassenen Klosterordnung, dass die Erträge aus Stiften und Klöstern »zu keinen anderen als geistlichen Sachen und Ausgaben, wozu sy gewidmet, verwendet werden mögen«. In Ausführung dieser Klosterordnung wurden aus den klösterlichen Erträgen des Braunschweigischen Klosterfonds u. a. die 1576 gegründete Universität Helmstedt und das 1745 eingerichtete Collegium Carolinum, aus dem später die Technische Universität Braunschweig hervorging, unterhalten.

Ein sehr moderner Gedanke hielt im Jahre 1832 Einzug in die Stiftung. Durch die Neue Landschaftsordnung wurde der Braunschweigische Klosterfonds mit dem kleineren Vermögen des Studienfonds der Universität Helmstedt zusammengeführt. Der Gedanke, der diesem Zusammenschluss zugrunde lag, erfreut sich gerade in der heutigen Zeit wieder größter Beliebtheit: »behufs Vereinfachung der Administration und thunlichen Kostenersparung«. Dabei überrascht es fast, dass die Selbstständigkeit der Klöster und ihrer Vermögen erneut unberührt blieb.

Der Braunschweigische Vereinigte Kloster- und Studienfonds war entstanden.

Juleum, ehemalige Universität Helmstedt

Technische Universität Braunschweig

Braunschweig-Stiftung
Im Jahre 1934 wurde vom Braunschweigischen Staatsministerium die Braunschweig-Stiftung gegründet, um die kulturelle Identität des alten Landes Braunschweig zu sichern. Preußischen Vereinnahmungstendenzen zuvorkommend sollte durch Förderung der drei Destinatäre Staatstheater Braunschweig, Vaterländisches (heute Braunschweigisches Landes-) Museum und Technische Hochschule (heute Universität) Braunschweig die Kontinuität der regionalen Bezüge sichergestellt werden.

Für diese Förderung musste der notwendige finanzielle Hintergrund geschaffen werden.
Da der Stiftungszweck der Braunschweig-Stiftung zum Teil identisch mit dem des Braunschweigischen Vereinigten Kloster- und Studienfonds war, lag es nahe, Teile dieses Vermögens hierfür zur Verfügung zu stellen. So erhielt die Braunschweig-Stiftung bei ihrer Gründung 17 Kloster- und Kammergüter des Braunschweigischen Vereinigten Kloster- und Studienfonds sowie des Landes Braunschweig mit einer Gesamtfläche von rund 8.400 Hektar. Acht dieser Güter liegen auf dem Gebiet der ehemaligen DDR und wurden in den Jahren 1945 bis 1958 enteignet. Nach der Wiedervereinigung konnten sie wieder der Braunschweig-Stiftung zugeführt werden.

Staatstheater Braunschweig

Landesmuseum Braunschweig

Gastspiel

OTTO
IV.
8. AUGUST BIS
8. NOVEMBER
2009
TRAUM VOM
WELFISCHEN
KAISERTUM
LANDESAUSSTELLUNG
BRAUNSCHWEIGISCHES LANDESMUSEUM
DOM ST. BLASII · BURG DANKWARDERODE
LANDESMUSEUM

Stiftung Braunschweigischer Kulturbesitz

Die beiden Teilvermögen, Braunschweigischer Vereinigter Kloster- und Studienfons und Braunschweig-Stiftung, wurden zunächst von der Herzoglichen Kammer und in deren Nachfolge später von den Bezirksregierungen getrennt voneinander verwaltet. Mit dem Verschwinden dieser regionalen, auf historischen Wurzeln aufbauenden Verwaltungseinheiten in Niedersachsen ergab sich eine Vielzahl von Veränderungen. Eine der wichtigsten Herausforderungen war dabei, die Kontinuität der kulturellen und historischen Identität der Regionen zu bewahren und damit eine der Grundlagen für die gesellschaftliche und wirtschaftliche Entwicklung zu sichern.

Ergebnis der durch die Verwaltungsreform erzwungenen Neuorientierung war am 01.01.2005 die Errichtung einer neuen Verwaltungseinheit für die beiden Teilvermögen: die Stiftung Braunschweigischer Kulturbesitz.
Sie stellt mit ihren Anfängen als Braunschweigischer Klosterfonds eine der wichtigen Konstanten der Kulturregion Braunschweig dar.

SBK Stiftung Braunschweigischer Kulturbesitz

Bewahrung und Förderung

Die Stiftung Braunschweigischer Kulturbesitz fördert und bewahrt die kulturellen und historischen Belange des ehemaligen Landes Braunschweig. Mit den Erträgnissen aus dem Teilvermögen Braunschweigischer Vereinigter Kloster- und Studienfonds unterstützt die Stiftung Braunschweigischer Kulturbesitz kirchliche, kulturelle und soziale Projekte. In den Genuss der Zuwendungen aus dem Teilvermögen Braunschweig-Stiftung kommen die Technische Universität, das Braunschweigische Landesmuseum und das Staatstheater Braunschweig. Für das Land Niedersachsen hat die Stiftung darüber hinaus die Organisation der regionalen Kulturförderung übernommen.

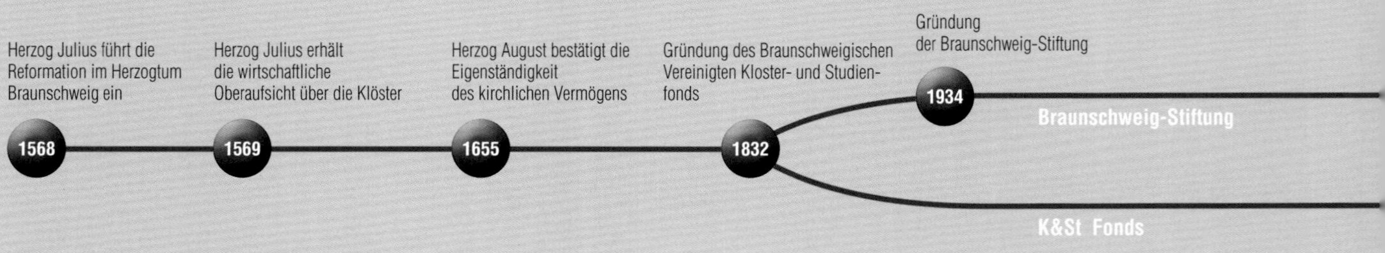

Zukunft fördern – Identität bewahren

Die Geschichte der Stiftung Braunschweigischer Kulturbesitz ist also eng verbunden mit der des ehemaligen Landes Braunschweig. Seit 1569 hat jede Epoche ihre Spuren im Stiftungsvermögen und der Fördertätigkeit hinterlassen. Zusammengesetzte Namen wie der des »Braunschweigischen Vereinigten Kloster- und Studienfonds« spiegeln bereits in sich diese Veränderungen wider. Und hier wird auch deutlich, mit welcher Berechtigung die Stiftung den »Kulturbesitz« bereits in ihrem Namen trägt.

Die Stiftung Braunschweigischer Kulturbesitz ist seit der Errichtung des Klosterfonds 1569 eine Erfolgsgeschichte. Immer wieder hat die Intention Herzog Julius' als Begründer der Stiftung ihre Kraft entfaltet: ein großes Vermögen der Allgemeinheit zu widmen und nachhaltig für die Zukunft zu bewahren. Und in eben dieser Tradition ist auch die Entscheidung des Niedersächsischen Parlaments und der Landesregierung im Jahr 2004 zu sehen, als das neue Dach für die überkommenen Vermögen geschaffen worden ist. Bewahren und fördern, Tradition und Innovation, eben Herkunft und Zukunft: die Stiftung Braunschweigischer Kulturbesitz ist Abbild der reichen Geschichte und konkurrenzfähigen Zukunft einer selbstbewussten Region in der Mitte Deutschlands und Europas.
Am Beispiel der Stiftung Braunschweigischer Kulturbesitz zeigt sich, wie wichtig es ist, sich seiner Herkunft bewusst und fest in ihr verwurzelt zu sein. Nur dadurch kann eine Zukunft erfolgreich gestaltet werden.

Die Stiftung Braunschweigischer Kulturbesitz ist in jeglicher Hinsicht ein Erfolgsmodell. Ein braunschweigisches Erfolgsmodell.

Stiftungsorganisation und -sitz

Heute wird die Stiftung Braunschweigischer Kulturbesitz durch einen Stiftungsrat geführt, dem neben jeweils einem Vertreter des Ministeriums für Wissenschaft und Kultur des Landes Niedersachsen, der Evangelischen-lutherischen Landeskirche in Braunschweig und der Stadt Braunschweig sechs weitere sachkundige Mitglieder angehören. Den Vorsitz in diesem Gremium führt der Präsident, dem zwei Vizepräsidenten zur Seite stehen. Der Direktor der Stiftung führt die Geschäfte und vertritt die Stiftung nach außen. Um die Verwaltung der Finanzanlagen, forstwirtschaftlichen Flächen, Liegenschaften und Erbbaurechte sowie die Vergabe von Fördermitteln bemühen sich zwölf Mitarbeiter. Die Verwaltung der landwirtschaftlichen Flächen liegt nach wie vor bei der GLL ansässigen Mitarbeiterinnen und Mitarbeiter.

Durch die Bildung der Stiftung Braunschweigischer Kulturbesitz wurden die beiden Stiftungsvermögen aus der allgemeinen Landesverwaltung ausgegliedert und es wurde mehr Selbständigkeit erlangt. Dies hatte zur Konsequenz, dass die Aufgaben vielfältiger wurden und auch mehr Personal benötigt wurde.
Waren zur Geburtsstunde der Stiftung Braunschweigischer Kulturbesitz neben dem Direktor noch 8 Mitarbeiter ausreichend, um die Aufgaben zu bewältigen, kümmern sich wie o. g. mittlerweile 12 Personen um die Stiftungsangelegenheiten zzgl. den für die Verwaltung der landwirtschaftlichen Flächen nach wie vor bei der Liegenschaftsverwaltung in der Behörde für Geoinformation, Landentwicklung und Liegenschaften ansässigen Mitarbeiterinnen und Mitarbeitern.

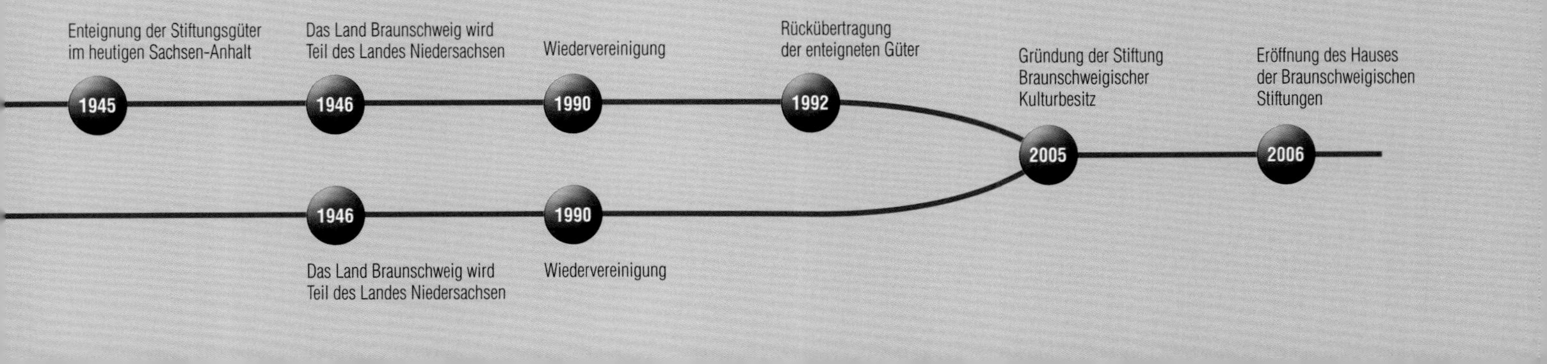

Untergebracht war die Stiftung Braunschweigischer Kulturbesitz aus Zeiten der Verwaltung durch die Bezirksregierung Braunschweig zunächst noch in angemieteten Räumlichkeiten in der Hennebergstr. 14. Dort hatte ebenfalls die STIFTUNG NORD/LB*ÖFFENTLICHE ihren Sitz. Bereits dort wurde begonnen, vorhandenen Kräfte zu bündeln und sich in ihrem Handeln untereinander abzustimmen und zu unterstützen, kurz: die Synergieeffekte durch die gemeinsame Unterbringung zu nutzen. Der Gedanke, ein Kompetenzzentrum rund ums Thema Stiften für das Braunschweiger Land zu errichten, entstand. Schnell musste jedoch eingesehen werden, dass die Räumlichkeiten in der Hennebergstraße für dieses Projekt zu beengt waren. Es gab keinen Raum, Serviceleistungen für andere Stiftungen, wie z. B. Seminare, Workshops u. ä., anzubieten, geschweige denn dass die räumliche Möglichkeit bestand, in den Gedanken des gemeinsamen Wirkens noch andere Stiftungen mit einzubeziehen.

So erwies es sich als Glücksfall, dass im Jahre 2004 die Stadt Braunschweig die ehemalige Gerloffsche Villa am Löwenwall 16 im Rahmen ihrer Haushaltskonsolidierung zum Kauf anbot. Dieses Haus bot nicht nur den beiden Stiftungen aus der Hennebergstraße ausreichend Platz. Darüber hinaus gab es im Erdgeschoss einen großen Raum für evtl. Veranstaltungen und auch ansonsten genügend Räumlichkeiten, um die gemeinsame Idee nach außen zu tragen, um auch andere Stiftungen hierfür zu gewinnen.

Sitz der Stiftung Braunschweigischer Kulturbesitz bis Ende 2005 in der Hennebergstraße 14 in Braunschweig

Ansicht auf den Obergarten und die Hauptfassade des Löwenwall 16 zur Zeit der städtischen Nutzung

14

Da es sich um ein denkmalgeschütztes Gebäude handelte, das von der Stadt Braunschweig bis dahin für die Formensammlung des Städtischen Museums und die Städtische Musikschule genutzt wurde, konnte durch einen Verkauf an die Stiftung Braunschweigischer Kulturbesitz gewährleistet werden, dass es auch weiterhin für die Öffentlichkeit zugänglich blieb.

Nachdem man sich über die Kaufmodalitäten geeinigt hatte, musste das Haus den Bedürfnissen der neuen Bewohner angepasst und saniert werden. Diese Sanierung fand dem Stiftungszweck entsprechend in enger Abstimmung mit dem Niedersächsischen Landesamt für Denkmalpflege statt (s. Kapitel »Haus«).

Das Haus der Braunschweigischen Stiftungen

Die Eröffnungswoche vom 03. - 07. Juli 2006

Eindrücke von Workshops, Seminaren und Vorträgen des Hauses der Braunschweigischen Stiftungen

Ende 2005 konnte dann zunächst die STIFTUNG NORD/LB* ÖFFENTLICHE und kurz danach auch die Stiftung Braunschweigischer Kulturbesitz einziehen. Dieser Anlass wurde genutzt, um das Haus in der Eröffnungswoche vom 3. – 7.Juli 2006 allen Interessierten die Möglichkeit zu bieten, das Haus nach erfolgter Sanierung zu besichtigen.

Bald gelang es den beiden Stiftungen, die Bürgerstiftung Braunschweig von der gemeinsamen Idee zu überzeugen, welche dann im April 2006 in die Villa einzog. Ein Jahr später stieß noch die Braunschweigische Landschaft e. V. dazu. Zusammen entwickelten die drei Stiftungen die Idee der gemeinsamen Arbeit zum Wohle Braunschweigs und des alten Braunschweigischen Landes weiter. Es entstand das **Haus der Braunschweigischen Stiftungen**. Dieses stellt heute das Kompetenzzentrum rund ums Thema »Stiften« im Braunschweiger Land dar. Es treibt den regionalen Stiftungsgedanken über ein informatives und regelmäßiges Veranstaltungsprogramm voran und wirkt somit aktiv an der Stärkung des regionalen Stiftungsnetzwerkes und des bürgerlichen Engagements mit. Zu diesem Zweck werden u. a. fachliche Vorträge, Seminare und Workshops zum Thema „Stiften“ organisiert und durchgeführt.

Mit einem Vortrag zur Gemeinnützigkeit wurde das Veranstaltungsprogramm am 11. Oktober 2007 begonnen. Weiter ging es mit einem Workshop über »Öffentlichkeitsarbeit für kleinere Stiftungen« und »Erfolgreiches Fundraising«. Im Jahre 2008 wurde aufgrund der Aktualität und Nachfrage erneut das Thema »Gemeinnützigkeit« und darüber hinaus noch das Thema »Vermögensanlage für kleine Stiftungen« behandelt. Es wurde darüber auch auf einem »Spaziergang durch den Begriffsdschungel« darüber informiert, welche unterschiedlichen Stiftungsformen es gibt. Ebenfalls wurde gefragt, »wie Unternehmen sich gesellschaftlich engagieren«.

Die Zusammenarbeit von Unternehmensberatungen und Stiftungen am Beispiel des Consult One e. V., »Erfolgsstrategien für Stiftungen«, »Evaluation sektorenübergreifender, kooperativer Projekte« und »Haftungsfragen in Stiftungen« waren nur einige der Themen.

Kultur im und am Haus

Die historischen Räumlichkeiten des Hauses weckten oft das Interesse Außenstehender, die Anfragen an die Stiftung stellten, ob das Haus auch für kulturelle Zwecke genutzt werden könnte. So wurde der Saal des Hauses bereits mehrfach erfolgreich im Rahmen des »Musikalischen Stadtrundgangs« der Braunschweigischen Musikgesellschaft genutzt.

Auch das Staatstheater Braunschweig trat mit der Bitte an die Stiftung Braunschweigischer Kulturbesitz heran, die Räumlichkeiten für ihr Projekt »Familienbande« nutzen zu dürfen. Hierbei handelte es sich um ein Spielzeitprojekt mit dem Fotografen Uwe Brodmann, in dem der Satz des Theatermanns Bertold Brecht, »...die kleinste gesellschaftliche Einheit ist nicht der Mensch, sondern zwei Menschen«, umgesetzt werden sollte. So wurde zu Beginn der Spielzeit 08/09 ein Aufruf an Familien in Braunschweig und Umgebung gestartet, sich an einem Fotoprojekt zum Thema Familie zu beteiligen. Anlass war der Spielplan des Staatstheaters. Angefangen mit der Bühnenfassung von Thomas Manns »Buddenbrooks« gab es neun weitere Stücke, bei denen die Familie als gesellschaftliche Größe eine Rolle spielte. Grund genug für das Theater, den literarischen Familiengeschichten die »echten« gegenüberzustellen und nachzufragen, wie das Bild der Familie heute aussieht. 30 Familien haben sich daraufhin in Bild (vom Braunschweiger Fotografen Uwe Brodmann) und Word (von den Dramaturgen des Theaters) porträtieren lassen. Das erste Bild der Serie sollte jedoch eine »Theaterfamilie« sein. So entstand das Familienfoto der fünf Darsteller der »Braunschweiger« Buddenbrooks im Haus der Braunschweigischen Stiftungen.

Familienfoto der »Braunschweiger« Buddenbrooks
im Haus der Braunschweigischen Stiftungen

Seit Beginn des Jahres 2009 finden auch eigene kulturelle Veranstaltungen der Stiftung Braunschweigischer Kulturbesitz in dem Haus der Braunschweigischen Stiftungen statt. Damit wird an die Gesellschaften des Bürgertums, zu denen auch die Familie Gerloff gehörte, angeknüpft, bei denen im Rahmen eines gemütlichen Zusammenseins Kunst, Musik und Tanz genossen werden konnten. Die erste eigene Veranstaltungsreihe in den Räumen des Hauses unter dem Namen »Erlesenes« kombinierte daher auch den Genuss von durch Schriftsteller erlesenen Texten mit auf diese Texte abgestimmten Weinen. In dem Ambiente des Saals der Villa fühlte man sich schnell in die Zeit zurück versetzt, in der gutbürgerliche Familien wie die Gerloffs mit ihren Freunden und Gästen zusammen saßen und die Darbietungen von Künstlern genossen.

Weitere Veranstaltungen z. T. auch in Kooperation mit den anderen Stiftungen im Hause sind geplant.

Eindrücke von der ersten Veranstaltungsreihe »Erlesenes«

Der Gedanke der Gartensanierung

Durch die größer werdende Zahl der Mitarbeiter im Hause wurde die Parkplatzsituation immer problematischer. Ein Ausweichen auf öffentlichen Parkraum am Löwenwall war nicht möglich und es musste z. T. schon auf der Grünanlage des Hauses geparkt werden. Um diese unbefriedigende Situation zu entschärfen, wurde der Plan gefasst, weitere Parkplätze auf dem Grundstück zu schaffen. Darüber hinaus wurde der Garten mit altem Baumbestand die ersten Jahre nach dem Einzug noch nicht weiter genutzt. Nachdem jedoch das Haus fertig saniert war, stellte sich schnell die Frage, inwiefern der Garten in seiner Gestalt mir dem jetzigen Gesicht des Hauses noch harmonierte. Es wurden zudem immer häufiger Nachfragen an die Stiftung Braunschweigischer Kulturbesitz heran getragen, ob die städtische Nutzung des Gartens als »Skulpturengarten« wieder aufgenommen werden würde und letztlich keimte durch die sich im Innern eingeschlichene kulturelle Nutzung zwangsläufig der Wunsch auf, diese auch auf den Außenbereich auszudehnen.

Dies alles überzeugte die Stiftung Braunschweigischer Kulturbesitz von der Notwendigkeit, auch dem Garten ein neues Gesicht zu geben, dass den Bedürfnissen der heutigen Nutzer und dem Erscheinungsbild des Hauses gerecht wird. Um dem denkmalgeschützten Gebäude Rechnung zu tragen, wurde vorab in Zusammenarbeit mit der Technischen Universität Braunschweig ein denkmalpflegerisches Gutachten in Auftrag gegeben, das klären sollte, ob Teile des vorhandenen Gartens als schützenswert einzustufen wären, damit auf diese bei den Planungen Rücksicht genommen werden könnte. Die dabei recherchierte Geschichte des Hauses und Gartens zeigt, dass der Garten auch schon früher für Feste, den Besuch von Gästen und den Aufenthalt im Freien mit Sitzgelegenheiten genutzt wurde (s. Abschnitt »Garten«).

In Zusammenarbeit mit dem Landschaftsarchitekturbüro Capatti Staubach, das bereits an der Erstellung des denkmalpflegerischen Gutachtens beteiligt war, wurde daher ein Entwurf ausgearbeitet, der es ermöglichte, die Parkplatzsituation zu entschärfen und den Garten für Ausstellungen, Feste und zu repräsentativen Zwecken zu nutzen. Die Umsetzung der Umgestaltung begann im Frühjahr 2008 und endete im Juni 2009.

Bereits im Jahre 2008 beteiligte sich die Stiftung Braunschweigischer Kulturbesitz erstmalig an der Braunschweiger Kulturnacht und öffnete damit den noch nicht im Umbau befindlichen Gartenteil der Öffentlichkeit. Bei strahlendem Sommerwetter war der Besucherandrang so groß, dass nicht nur alle Sitzplätze besetzt waren, sondern auch der übrige Bereich des Obergartens gefüllt war, dass einige Besucher auf dem Rasen Platz nahmen und Nachbarn auf ihr Garagendach auswichen. Neben den Comedian Harmonists sorgten Zigeunerweisen von den Geigenzwillingen Alie und Lilya Bekirova, die Tangogeschichten von Georg Renz und Marc Niemann und spanische Gitarrenklänge von Callejero für südliches Flair, welches mit dem Ballonglühen auf dem Löwenwall endete.

Fazit

Durch die Umgestaltung des Gartens ist es möglich geworden, diesen wie zu Gerloff's Zeiten für Feste, Veranstaltungen und Ausstellungen zu nutzen. Den Beginn hierfür stellt die Garteneinweihung am 01. August 2009 dar. Auch der Gedanke des Skulpturengartens wurde aufgegriffen und Aufstellflächen hierfür in den Garten eingebracht. Um diese mit Werken zu besetzen, wurde ein Beirat gebildet, der die Auswahl der im Garten aufzustellenden Skulpturen im Rahmen einer beschränkten Ausschreibung betreuen und vorbereiten wird. Die Umsetzung ist für den Sommer des Jahres 2010 geplant. Neben den dann fest verbleibenden Werken sind aber auch temporäre Ausstellungen möglich. Auf diese Weise soll der Garten als Skulpturengarten immer wieder zu einem Besuch einladen.

Die Stiftung Braunschweigischer Kulturbesitz ist dankbar, in diesem Gebäude einen Platz gefunden zu haben, der es ihr ermöglicht, ein Denkmal zu erhalten, das wunderbar zu repräsentativen Zwecken genutzt werden kann und das sich hervorragend eignet, den kooperativen Gedanken zur Unterstützung der Stiftungslandschaft im Braunschweigischen Land umzusetzen und auszuweiten.

Die Stiftung Braunschweigischer Kulturbesitz freut sich auf eine spannende Zukunft im Haus der Braunschweigischen Stiftungen.

Eindrücke von der Braunschweiger Kulturnacht im Garten des Hauses der Braunschweigischen Stiftungen (5. Juli 2008)

Abbildungsnachweis

S. 9 Bilderarchiv der Stiftung Braunschweigischer Kulturbesitz, Fotograf: Andreas Greiner-Napp

S. 10/11 Bilderarchiv der Stiftung Braunschweigischer Kulturbesitz, Fotograf: Andreas Greiner-Napp

S. 12 »Stadtplan, 1826« Städtisches Museum, Braunschweig Fotonachweis: Museumsfoto

S. 13 »Plan Braunschweig 1841« Stadtarchiv Braunschweig H XI 6: 11

S. 14 »Stadtplan, 1826« (Auszug) Städtisches Museum, Braunschweig Fotonachweis: Museumsfoto

S. 15 oben »Löwenwall von Osten, 1823« Städtisches Museum, Braunschweig Fotonachweis: Museumsfoto

S. 15 unten »Malerei auf Tasse um 1840« (Ausschnitt) Städtisches Museum, Braunschweig, Fotonachweis: Museumsfoto

S. 16 Löwenwall um 1865 »Plan der herzoglichen Residenzstadt Braunschweig nebst den Promenaden« Stadtarchiv Braunschweig H XI 7/ 4

S. 17 links »Plan Braunschweig 1841« (Auszug) Stadtarchiv Braunschweig H XI 6: 11

S. 17 rechts Stadtarchiv Braunschweig H XI 7:8

S. 18/19 »Löwenwall 1882« Nds. Landesarchiv – Staatsarchiv Wolfenbüttel Akte 76 Neu Fb. 2 Nr. 3673

S. 18/19 u. Originalzeichnungen Stadtbaurat Ludwig Winter Bauarchiv der Stadt Braunschweig (2)

S. 20 Städtisches Museum Braunschweig

S. 21 Reinhard Roseneck (2)

S. 22 - 29 Originalzeichnungen Stadtbaurat Ludwig Winter, Bauarchiv der Stadt Braunschweig (8)

S. 30 Fotoarchiv der Stiftung Braunschweigischer Kulturbesitz, Fotograf: Andreas Greiner-Napp

S. 31 Originalzeichnungen Stadtbaurat Ludwig Winter, Bauarchiv der Stadt Braunschweig (2)

S. 32 - 41 Fotoarchiv der Stiftung Braunschweigischer Kulturbesitz, Fotograf: Andreas Greiner-Napp (14)

S. 42 – 47 Bauarchiv der Stadt Braunschweig (6)

S. 48 Fotoarchiv der Stiftung Braunschweigischer Kulturbesitz, Fotograf: Andreas Greiner-Napp

S. 49 oben Bauarchiv der Stadt Braunschweig

S. 49 unten Fotoarchiv der Stiftung Braunschweigischer Kulturbesitz, Fotograf: Andreas Greiner-Napp

S. 50/51 Reinhard Roseneck

S. 52 – 53 Fotoarchiv der Stiftung Braunschweigischer Kulturbesitz, Fotograf: Andreas Greiner-Napp (4)

S. 54 Bauarchiv der Stadt Braunschweig

S. 55 Reinhard Roseneck

S. 56/57 Holger Windmann

S. 58 – 59 Fotoarchiv der Stiftung Braunschweigischer Kulturbesitz, Fotograf: Andreas Greiner-Napp (11)

S. 60 oben Bauarchiv der Stadt Braunschweig

S. 60 u.-71 Fotoarchiv der Stiftung Braunschweigischer Kulturbesitz, Fotograf: Andreas Greiner-Napp (15)

S. 72 links Bauarchiv der Stadt Braunschweig

S. 72 rechts Fotoarchiv der Stiftung Braunschweigischer Kulturbesitz, Fotograf: Andreas Greiner-Napp (2)

S. 73 links Bauarchiv der Stadt Braunschweig

S. 73 rechts Fotoarchiv der Stiftung Braunschweigischer Kulturbesitz, Fotograf: Andreas Greiner-Napp

S. 74 oben Bauarchiv der Stadt Braunschweig

S. 74 unten Fotoarchiv der Stiftung Braunschweigischer Kulturbesitz, Fotograf: Andreas Greiner-Napp (2)

S. 75 oben Bauarchiv der Stadt Braunschweig

S. 75 unten Fotoarchiv der Stiftung Braunschweigischer Kulturbesitz, Fotograf: Andreas Greiner-Napp

S. 76 »Familienfoto« der Familie Gerhard

S. 77 »Umbaupläne 1970« Bauarchiv der Stadt Braunschweig

S. 78 Städtisches Museum, Braunschweig Fotonachweis: Museumsfoto

S. 79-80 Holger Windmann (5)

S. 80 unten Fotoarchiv der Stiftung Braunschweigischer Kulturbesitz, Fotograf: Andreas Greiner-Napp

S. 81 Holger Windmann (3)

S. 82-83 Fotoarchiv der Stiftung Braunschweigischer Kulturbesitz, Fotograf: Andreas Greiner-Napp (2)

S. 84 oben Holger Windmann

S. 84 unten Fotoarchiv der Stiftung Braunschweigischer Kulturbesitz, Fotograf: Andreas Greiner-Napp

S. 85 links Holger Windmann

S. 85 rechts Fotoarchiv der Stiftung Braunschweigischer Kulturbesitz, Fotograf: Andreas Greiner-Napp

S. 86 Holger Windmann

S. 87 Fotoarchiv der Stiftung Braunschweigischer Kulturbesitz, Fotograf: Andreas Greiner-Napp

S. 88 oben Holger Windmann

S. 88 unten Andreas Greiner-Napp

S. 89-90 Holger Windmann (2)

S. 91-95 Fotoarchiv der Stiftung Braunschweigischer Kulturbesitz, Fotograf: Andreas Greiner-Napp (3)

S. 96 oben Löwenwall um 1865 »Plan der herzoglichen Residenzstadt Braunschweig nebst den Promenaden« Stadtarchiv Braunschweig H XI 7/ 4

S. 96 unten Löwenwall um 1865 »Plan der herzoglichen Residenzstadt Braunschweig nebst den Promenaden« Stadtarchiv Braunschweig H XI 7/ 4 und »synoptische Karte von 1889«, Stadtarchiv Braunschweig

S. 97 oben »Brückenplanung 1882« Stadtarchiv Braunschweig H XI 36: 12 Originalzeichnungen von Stadtbaurat Ludwig Winter »Plan aus dem Jahr 1882, Brückenplanung Löwenwall – Ottmerstraße«

S. 97 u. l. »Lageplan Löwenwall 14, 1900«, Bauarchiv der Stadt Braunschweig

S. 97 u. r. »Garten der Villa Voigtländer«, Stadtarchiv der Stadt Braunschweig G IX 45: 207.9

S. 98 oben »Familienfotos« der Familie Gerhard (2)

S. 98 unten »Anwesen Gerloff um 1920«, Städtisches Museum, Braunschweig Fotonachweis: Museumsfoto

Literaturnachweis

S. 99 oben »Garteneingang«, Originalzeichnungen Stadtbaurat Ludwig Winter Bauarchiv der Stadt Braunschweig

S. 99 unten »Familienfoto« der Familie Gerhard

S. 100 »Eingrenzung 1909«, Originalzeichnungen Stadtbaurat Ludwig Winter, Bauarchiv der Stadt Braunschweig

S. 101 oben »Stadtplan 1938«, Städtisches Museum, Braunschweig Fotonachweis: Museumsfoto

S. 101 unten »Familienfoto« der Familie Gerhard

S. 103 o. l. Aug. Werth, Kunstdruck Braunschweig 1955

S. 103 o. r. Städtisches Museum, Braunschweig Fotonachweis: Museumsfoto

S. 103 u. Bauarchiv der Stadt Braunschweig

S. 105.-110 Archiv des Fachbereichs Stadtgrün der Stadt Braunschweig (7)

S. 111 (1) Niedersächsisches Landesamt für Denkmalpflege Fotothek der Bau- und Kunstdenkmalpflege

S. 111 (2) Schneidewind, Frank, Die Villa am Löwenwall, in: Deine Stadt, Heft 5, 1983

S. 111 (3) Bauarchiv der Stadt Braunschweig

S. 111 (4) Niedersächsisches Landesamt für Denkmalpflege Fotothek der Bau- und Kunstdenkmalpflege

S. 112 – 121 Fotomaterial des Landschaftsbüros Capatti Staubach (22)

S. 122 Fotoarchiv der Stiftung Braunschweigischer Kulturbesitz, Fotograf: Andreas Greiner-Napp (3)

S. 123 »Entwurfsplan«, Capatti Staubach

S. 124 oben »Image Heckengrotte Stellplatz«, Capatti Staubach

S. 125 links »Entwurfsplan«, Capatti Staubach

S. 125 rechts Fotoarchiv der Stiftung Braunschweigischer Kulturbesitz, Fotograf: Andreas Greiner-Napp (3)

S. 126 links Fotomaterial des Landschaftsbüros Capatti Staubach (2)

S. 126 rechts Fotoarchiv der Stiftung Braunschweigischer Kulturbesitz, Fotograf: Andreas Greiner-Napp (2)

S. 127 links Fotomaterial des Landschaftsbüros Capatti Staubach (3)

S. 127 rechts Fotoarchiv der Stiftung Braunschweigischer Kulturbesitz, Fotograf: Andreas Greiner-Napp (3)

S. 128 »Entwurfsplan« und »Image« , Capatti Staubach (2)

S. 129/130 Fotoarchiv der Stiftung Braunschweigischer Kulturbesitz, Fotograf: Andreas Greiner-Napp (8)

S. 131 oben »Entwurfsplan«, Capatti Staubach

S. 131 unten Fotoarchiv der Stiftung Braunschweigischer Kulturbesitz, Fotograf: Andreas Greiner-Napp (2)

S. 132/133 Fotoarchiv der Stiftung Braunschweigischer Kulturbesitz, Fotograf: Andreas Greiner-Napp (4)

S. 134 links Fotomaterial des Landschaftsbüros Capatti Staubach (3)

S. 134 rechts Fotoarchiv der Stiftung Braunschweigischer Kulturbesitz, Fotograf: Andreas Greiner-Napp (3)

S. 135 links Fotomaterial des Landschaftsbüros Capatti Staubach (3)

S. 135 rechts Fotoarchiv der Stiftung Braunschweigischer Kulturbesitz, Fotograf: Andreas Greiner-Napp (3)

S. 136/137 »Entwurfsplan«, Capatti Staubach (2)

S. 138 links Fotomaterial des Landschaftsbüros Capatti Staubach (4)

S. 138 rechts Fotoarchiv der Stiftung Braunschweigischer Kulturbesitz, Fotograf: Andreas Greiner-Napp (4)

S. 139 links Fotomaterial des Landschaftsbüros Capatti Staubach (2)

S. 139 rechts Fotoarchiv der Stiftung Braunschweigischer Kulturbesitz, Fotograf: Andreas Greiner-Napp (2)

S. 140/141 o. »Image«, Capatti Staubach

S. 140/141 u. Fotoarchiv der Stiftung Braunschweigischer Kulturbesitz, Fotograf: Andreas Greiner-Napp (5)

S. 142/143 Fotoarchiv der Stiftung Braunschweigischer Kulturbesitz, Fotograf: Andreas Greiner-Napp (8)

S. 144-146 »Entwurfspläne«, Capatti Staubach (5)

S. 147-153 Fotoarchiv der Stiftung Braunschweigischer Kulturbesitz, Fotograf: Andreas Greiner-Napp (7)

S. 154 oben »Logo«, Stiftung Braunschweigischer Kulturbesitz

S. 154/155 »Zeitstrahl«, Peter Wentzler

S. 157 oben Fotoarchiv der Stiftung Braunschweigischer Kulturbesitz, Fotograf: Andreas Greiner-Napp

S. 157 unten Schneidewind, Frank, Die Villa am Löwenwall, in Deine Stadt, Heft 5, 1983

S. 158 links »Logo«, Haus der Braunschweigischen Stiftungen

S. 158/159 Fotoarchiv der STIFTUNG NORD/LB•ÖFFENTLICHE

S. 160/161 »Theaterfamilie Buddenbrooks«, Staatstheater Braunschweig Fotoarchiv Fotograf: Uwe Brodmann

S. 162-165 Fotoarchiv der Stiftung Braunschweigischer Kulturbesitz, Fotograf: Andreas Greiner-Napp (14)

»100 Jahre Löwenwall 16 in Braunschweig, Erinnerungen von Argon-Helmut Gerloff«, Festschrift, Stadtarchiv Braunschweig

»Elektronische Allgemeine Deutsche Biographie« http://www.deutsche-biographie.de/ndbvoll.html

»Der Braunschweiger Löwenwall« Spies, Gerd (Hrsg.): Der Braunschweiger Löwenwall. Städtisches Museum Braunschweig, Braunschweig 1997

»Die Villa am Löwenwall« Schneidewind, Frank: Die Villa am Löwenwall. In: Deine Stadt. Kunst, Kultur u. Leben in Braunschweig. Hrsg. v. Kulturamt der Stadt Braunschweig, Heft 5 (1983)

»Baudenkmale in Niedersachsen« Baudenkmale in Niedersachsen. Hrsg. von Hans-Herbert Möller. Teil 1 (Stadt Braunschweig), Band 1.1, 1993

»Braunschweiger Werkstücke« Köhler, Marcus und Tute, Heinz-Joachim: Braunschweiger Werkstücke. Gartenkunst in Braunschweig. Von den fürstlichen Gärten des Barock zum Bürgerpark der Gründerzeit. Reihe A, Bd. 28, Braunschweig 1989

Danksagung

Die Stiftung Braunschweigischer Kulturbesitz bedankt sich bei allen, die dieses Buch ermöglicht haben.

Insbesondere gilt der Dank den drei Autoren, Prof. Reinhard Roseneck, Matthias Staubach und Simone Teschner, deren Beiträge dieses Buch allmählich wachsen ließen.
Gedankt sei auch Peter Wentzler für das Layout, Andreas Greiner-Napp für die Fotos und Dr. Norbert Funke für die Korrekturlesung. Ohne ihr Engagement gäbe es dieses Buch nicht.

Außerdem danken wir Frau Margret Gerhard, geb. Gerloff, ihrem Sohn Jörn-Uwe Gerhard und allen Institutionen, die uns die Bildrechte überlassen haben, für ihre Unterstützung und den freundlichen Kontakt.
Wir haben uns bemüht, hier niemanden zu vergessen. Sollte dies trotz aller Mühen nicht gelungen sein, bitten wir höflichst um Verzeihung.

Braunschweig, Juli 2009